筑摩選書

杉原里美
Sugihara Satomi

掃除で心は磨けるのか

いま、学校で起きている奇妙なこと

掃除で心は磨けるのか　目次

掃除で心は磨けるのか

いま、学校で起きている奇妙なこと

はじめに

私は、学校が嫌いだった。

長崎県の離島で育った私は、一九七〇年代から八〇年代半ばまで、全校で約一〇〇人規模（各学年一クラス）の小学校と、約二〇〇人規模（各学年二クラス）の中学校に通った。

島の子どもたちというと、都会育ちの人には、純粋で明るいという印象があるかもしれない。しかし、少なくとも私が通っていた地域では学級崩壊やいじめが横行していた。いま思うと、経済的に困っていたり、家庭環境に恵まれなかったりする子どもたちが多かったのかもしれない。中学校の同級生には、高校に進学せず、中卒で働き始めた人も多い。

小学校の運動会は、地域の人すべてが参加する一大行事だった。

なかでも一番派手だった種目は、高学年の児童による鼓笛隊だ。「回れ右」というかけ声とともに「一、二、三」で足を止める行進は、軍隊のように規律正しかった。しかも、演奏する曲の一つは「軍艦マーチ」だったのだ。

中学校の校則は、厳しかった。男子の髪型は坊主、女子の前髪は眉の上、後ろ髪は襟についてはいけない。自然と全員が同じような髪型になった。当時は、制服のスカート丈を長くしていることが「不良少女」の象徴となっていたためか、スカート丈は床から三〇センチ上と一律に決められ、時々、家庭科の先生が物差しを当ててチェックしていた。背の高い女子生徒も、私のように低い生徒も同じ「三〇センチ」だった。

あるとき、「何でも言いたいことを書いていい」という紙が配られた。私は校則の不合理さについて書いて提出した。髪が襟についてはいけなかったので、頻繁に美容院に行かなければならず、お金もかかることなど、自分なりに理屈を考えて書いたつもりだ。するとその日の放課後、担任の先生から「教育相談室」に呼ばれて、説教をされてしまった。問題のある生徒だとみなされたのだった。

組合活動に熱心な先生に対しても、反感を持っていた。小学校には、六年生になっても字が読めない子がいたが、授業中に自分の活動や政治の話ばかりして、勉強をきちんと教えようとする姿勢が感じられなかったためだ。体罰を「愛のムチ」と公言したり、女子の生理が始まったら教えるように言ったりするなど、セクハラの傾向もあった。

学校は面白くなかったが、子どもも含めて地域住民すべてを誰もが互いに知っているようなムラ社会にあって、学校に行かないという選択肢は、ほぼなかった。「女子は勉強ができても価値がない」という雰囲気の中で、「勉強して島外に進学すれば、別の世界がある」と思うことで、自分を保っていたような気がする。

高校、大学、就職……と、自分が身を置く世界が変わっていくにつれて、島での学校生活を思い出すこともなくなっていった。

二〇一三年末、思いがけず、文化くらし報道部の生活担当記者から、社会部の教育班に異動することになった。

「学校を取材しなければならない」と思うと、ゆううつだった。ただ、「一九八〇年代の田舎の学校よりは『まし』になっているだろう」とも思っていた。

ちょうど、第二次安倍政権が誕生した後で、道徳の教科化が議論になるなど「教育再生」策が進められ、教員の「働き過ぎ」が問題になっていた。だが、教育班では、不登校の増加や大学入試改革などを細切れに報道するだけで、教育政策の全体像は分からなかった。

異動して間もなく、下の子どもが小学校に入学し、上の子の時にはなかった学校の変化に直面した。夏休みの課題に出る「お手伝い」シート、頻繁に回ってくる校門での「あいさつ当番」、地域住民にも公開する「道徳授業地区公開講座」などなど……。

何かがおかしい。学校が家庭の「しつけ」にまで口を出すのは「気持ち悪い」と思った。

二〇一八年夏、日本列島は、岐阜県多治見市で最高気温四一度を記録するなど例年にない酷暑になった。夏休みを目前にした七月、愛知県豊田市では、校外学習に出かけた小学一年の男児がエアコンのない教室に戻った後、熱中症で亡くなるという痛ましい事故が起きた。テレビや新聞も連日、熱中症の危険性について報道し、学校や教育委員会に対策を求める保護者も相次いだ。

午前七時台から三〇度を超える暑さになるなど、「命にかかわる危険な暑さ」だと、連日伝えられた。にもかかわらず、多くの学校で、部活動や「あいさつ運動」は続けられた。冷静に考えてみれば、命より大切なものがあるはずはない。

だが、運動会では、事故が多発している「組体操」も廃止されていない。学校は「教育的効果が高い」と説明する。なぜ、明らかな危険を回避することよりも「教育的効果」を優先させるのか。

私が子どもの頃に経験した体罰やセクハラのような人権侵害も、相変わらずだ。そればかりか、校則は、以前より厳しくなっているという。教員の多忙化が指摘されるなかで、部活動や無駄な行事をやめられないのは、「保護者の理解が不十分だからだ」と、学校関係者は主張する。本当にそうなのだろうか。

いま、学校現場で起こっている奇妙なことは、安倍政権が進める道徳の教科化といった「教育再生」の取り組みと関係しているのかもしれない――。そう考えたのが、一連の取材のきっかけだ。

学校という私たちの足元の世界と、政治家や文部科学省といった中央の教育政策を、何がつないでいるのか。各地へ足を運び、教育現場の先生たち、ＮＰＯや塾の経営者、そして地域の父母たちに取材することで、この国の教育がどこへ向かおうとしているのかを探ってみたい。

第一章

心を磨く学校？

トイレ掃除で心を磨く

二〇一七年一一月三日、憲法記念日。

私は愛知県立碧南高校（碧南市）での「便教会」に参加するため、前日から、同校の最寄り駅沿線のホテルに泊まっていた。早めに朝食を済ませた後、チェックアウトして電車に乗り、「トイレ掃除」に向かう。トイレ掃除で心を磨く「便教会」とはどんなものか……。取材とはいえ、人生初の体験に、ちょっとしたワクワク感もあった。

もちろん、小中学生の頃、掃除当番としてトイレ掃除をしたことはある。ただ、便教会の掃除は、一般的な掃除とは少し違っている。

便教会は、「教師の教師による教師のためのトイレ掃除に学ぶ会」ともいう。二〇〇一年、同校の元教諭、高野修滋さんが立ち上げた。二〇一七年には二〇都府県に広がり、全国でトイレ掃除を励行する先生を育てている。高野さんによると、便教会の目的は掃除指導法の普及ではなく、「生き方を伝えていくこと」だという。

駅から歩いて約一〇分。碧南高校に到着すると、教頭先生が出迎えてくれた。

荷物を保健室に置いて、二階の男子トイレへ向かう。

便教会の参加者は、県内の小中高校の教諭や教え子の大学生など一五人。七人が初心者だった。

まず、トイレ前の廊下で、簡単な自己紹介があった。一〇年以上前から参加しているという先生がいる一方、「前から誘われていたが、びびっていて、初めての参加です」と打ち明ける先生もいた。参加経験のある先生たちは、「この会に参加すると、いろんな気づきがある」「トイレ掃除をすると、へぼい自分、弱い自分に出会える」などと、掃除の効果を口にしていた。

廊下には布やたわし、バケツ、掃除用洗剤などが整然と並べられていて、「よし、やるぞ！」と意欲がわく。

リーダーの愛知工業高校定時制の安井佑騎先生に促され、全員が男子トイレの中へ。

「どこが気になりますか？」。安井先生が、参加者に向かって問いかけた。

「床の黒ずみ！」「尿の臭い！」「換気扇！」などの声が上がった。私は、「配水管の中の汚れ」を指摘した。便教会では、この「気づき」が大事なのだ。

「便器の中を近くで見てください。生徒が水をしっかり流さないと、便器の壁にくっついて硬くなるのです。先にクエン酸をまいておきます」

安井先生が便器にクエン酸を振りかけると、泡がシュワッとはじけた。

「掃除を希望する場所に行ってください」

いよいよだ。私は小便器を選んだ。全部で七つある。大便用の個室もあったが、写真を撮るのに不都合だった。

便教会の最大の特徴は、便器を素手で磨くことだ。「肌などが心配な人は手袋もあります」と言われたが、私は着けず、小便器の前に立った。「便器を担当しなければ、やったことにならない」という気がした。

小便器を志願したのは、初参加の七人だった。それぞれに、便器用の基本道具三点セットが用意された。安井先生が言う。

「最初はスポンジ、汚れが取れなければナイロンたわし、それでもダメならサンドメッシュを使います。すぐにサンドメッシュを使うと、子どもにいきなり『こらっ』と言うのと同じで傷つきます」

「『今月は、ここも汚れているな』と気づくこともあります。自分の感覚を楽しみにしていただくといいかな、と思います。できる限り指を入れて取り、それでも取れない場合は、サンドメッシュを使ってください」

なるほど。すぐに強くこすってはいけないらしい。スポンジを右手に小便器をのぞき込むと、ぷーんと臭いが漂ってきた。会ったこともない男子高校生がつけた汚れに無心で向き合い、尿がたまる部分にも指を突っ込んでこする。隣では、今春、同校に赴任した若い養護教諭の女性が磨いていた。のぞきこむと、すでに奥までピカピカだ。気合が入った。

「あっ、先生、いま指で汚れを確かめましたね」と、便器を触った男性の参加者に、安井先生が叫んだ。全員が振り返ると、「素手で掃除をすると、生徒と目線が同じになります」と、効果を教えられた。

目線を低くしてトイレ掃除をすることで、換気扇に挟まったタバコ、便器にはりついたガムなども発見でき、生徒の変化にも気づけるのだという。そういえば、生徒が荒れている学校はトイレが汚いと聞く。その変化を見逃さないという目的もあるのだろうか。

「掃除は片手ではなく、必ず両手でやってくださいね。片手では問題から遠ざかります」

両手をついてタオルで床を磨き上げ、掃除は一時間ほどで終了。床のくすみは残ったが、掃除の成果よりも、先生が生徒と同じ目線に下り

1-1

小便器を素手で掃除する教員たち（2017年11月，愛知県碧南市の碧南高校）

ていって問題解決を図るといった教育論のような考え方が印象的だった。

終了後、全員で感想を述べ合う「反省会」もあった。

「やっていくうちに、いつの間にか便器に頭を突っ込んでいた。便器に向き合う時間は初めての経験だったが、これを生かして、生徒と向き合っていきたい」

「自分がだらけているときに掃除をすると、次にやるべきことに目を向けていけると思った」

「きれいになったという価値観をみんなで共有できるところがいい」

「最初はえっと思ったけど、やっていくうちに、どんどん気持ちが入っていった」

一二年間参加しているという高校教諭の女性は、勤め先の学校で保護者とトラブルになっていると打ち明け、「まだまだ自分は足りていない」と反省を口にした。

先生たちの真面目さに驚く。

最後にサブリーダーの先生が、こう締めくくった。

「気づいて動くことが大事です。ただのトイレ掃除も、見方によって違ってくる。授業も同じで、子どもたちが何を考えているか気づこうとすることが大事です。それをトイレ掃除で学ばせてもらっている」

リーダーの安井先生は、トイレ掃除歴八年。体育教諭で、野球部の顧問でもある。

「体育教諭は生徒指導を任されることが多いのですが、『先生』と呼ばれるうちに傲慢になり、生徒を変えようとしていた。でも、トイレ掃除で自分が変わった」と語る。

高野修滋さんが便教会を結成したきっかけは、NPO法人「日本を美しくする会」（＝掃除に学ぶ会）の鍵山秀三郎相談役との出会いにある。一九九七年のことだ。「掃除に学ぶ会」の支部は全国にあり、高野さんの場合、「西三河掃除に学ぶ会」に参加して鍵山氏に挨拶をしたのが初対面だったという。

鍵山氏は、車用品販売会社「イエローハット」の創業者で、同社の相談役でもある。創業時から清掃に力を入れ、素手によるトイレ掃除を実践してきた。掃除による社員教育で社風を変え、会社を成長させた経験を広げようと、一九九三年、トイレ掃除を実践している企業人らと一緒に、「全国掃除に学ぶ会」を岐阜県で開催。その後、トイレや街頭を清掃する「掃除に学ぶ会」が全国に広がった。同会のホームページによると、二〇〇〇年には第一回日本を美しくする会全国大会が開かれ、一二〇〇人が参加している。「日本を美しくする会」は二〇〇七年、NPO法人になった。

便教会は、日本を美しくする会の支部のような位置づけで、日本を美しくする会は、教師が掃除を学ぶ「鍵山教師塾」の主宰もしている。鍵山教師塾の開催場所は毎年、靖国神社や伊勢神宮といった有名神社だ。鍵山氏は、憲法改正を目指す運動団体「日本会議」が主導する「美しい日本の憲法をつくる国民の会」の代表発起人でもあり、素手トイレ掃除は、「公共の精神」や「自己犠牲」といったナショナリズム的な思想とつながっているようにも見える。

日本会議の機関誌『日本の息吹』(二〇一三年四月号)には、高野氏へのインタビューが掲載されている。その中で高野氏は、血小板が減少する病気にかかっていた頃に「西三河掃除に学ぶ会」に参加するようになって、血小板の数値が通常の値近くまで戻ったことや、トイレ掃除をすることで教員として傲慢になっていたことに気づき、「心のあり方が変わった」ことなどを述べている。

日本を美しくする会が年に二回発行している機関誌『清風掃々』第二九号(二〇一七年六月発行)には、鍵山氏の著書『凜とした日本人の生き方』を読んだ中学一年生の感想が載っている。「自分のことよりも人様のためにという自己犠牲の心が芽生えてくる」「これからの日本には、どんな問題でもしっかり自分に原因を求めて、改善していくことが大切だと感じます」などと記されている。

丁寧に掃除をすることは、悪いことではない。ただ、中学一年生が自己犠牲の精神を学び、どんな問題でも自分に原因を求めていくことには不安も感じてしまう。こうした姿勢が広まれば、政治に問題があってもそれを批判することなく、不運に見舞われた人に対してさえ、その責任すべてを当人に負わせるような、極端な自己責任社会を招き寄せることになってしまうのではないだろうか。

広がる「無言清掃」

掃除で、美しい日本人の心を育てる——。そんな価値観を持った先生を通して、もともと企業の従業員教育の一つだったトイレ掃除運動を採り入れる学校が増えてきている。

埼玉県本庄市立本庄東中学校も、その一つだ。

二〇一七年八月、夏休み中の同校を訪ねると、部活で登校していたバレー部の女子部員たちが、廊下やトイレを黙々と掃除していた。この学校の掃除の特色は、ひざをついたまま、無言で掃除をする「無言ひざつき清掃」だ。もちろん、トイレの中も、ひざをついて雑巾がけをする。私が取材に訪れた日は、ゴム手袋をしていて、素手ではなかった。掃除中ずっと無言のため、生徒たちは「〇〇さんは、あそこをやって」というコミュニケーションを取ることができない。あくまで自分で汚れを探して、率先して磨いていくのだという。

生徒たちの掃除を見ていると、不思議なことに、長い廊下で複数の生徒が掃除をしていても、ぶつかることがない。相手の動きをよんでいるのだろうか。とにかく学校全体がピカピカで、隅々まで掃除が行き届いている。

1−2

校舎1階の廊下を掃除する女子生徒たち．掃除する前もピカピカだった（2017年8月，埼玉県本庄市の本庄東中学校）

同校は二〇一〇年度から「清掃教育」に取り組み、学校のホームページにも「無言膝つき清掃」のページを設けて、発信している。

「かつては生徒指導が大変な学校でした」と、関根栄一校長は言う。

清掃教育を始める前は、授業中に席を立つ生徒もいるなど、学校が荒れていて、教員は手を焼いていた。地域の評判も悪く、「生徒が自信を持てなかった」という。その頃、掃除の教育効果に着目している教員が多かったため、文部科学省の「心の教育」研究指定校になったのを機に「清掃教育」を導入したのだと、関根校長は説明してくれた。

「無言清掃」は、長野や佐賀など多くの県で採り入れられている。本庄東中でも、長野県の中学校に視察に行き、最終的に「無言清掃」に行き着いた。ひざをついたスタイルにしたのは、やはり「目線を低くするため」だという。

無言ひざつき清掃を始めたものの、当初、教員のなかには黙っていられず、生徒を怒鳴りつけてしまう人もいた。関根校長は、「先生がしゃべると無言にならない。絶対に清掃中は怒らないでほしい」と、教員らに伝えた。教員も一緒に無言で掃除をするようになると、少しずつ真似をする生徒が増え、黙々と掃除をする教員や生徒の姿が「憧れ」の対象になっていったそうだ。掃除に熱心な子を表彰する「輝き賞」も設けられている。高学年になると、大半の生徒が受賞する。こうした生徒を見習うよう、低学年の生徒が高学年の教室に「清掃留学」する機会まで用意されているそうだ。

関根校長が強調したのは、「できない子の輝き」だった。学力の低い子でも、掃除なら能力に違いはない。一五分間、無言で掃除をすることで自問自答し、成長することができるのだという。「掃除という自分の居場所ができると、やんちゃなことをする必要がなくなる」と、関根校長は効果を語った。実際に、無言ひざつき清掃を始めてからは、教室で席につかない生徒はいなくなり、地域の評判も上がったという。

私が取材に訪れた四カ月後の一二月、同校のホームページ内にある「無言膝つき清掃のページ」に、素手でトイレ掃除をする生徒たちの写真が掲載された。「埼玉掃除に学ぶ会」が主催する会が熊谷東中学校で開かれ、本庄東中からも二年生と三年生の生徒一六人が参加した際の写真だった。

そのページには、こんなことも書かれていた。

「ちなみに、本庄東中学校に『無言膝附《ママ》清掃』が定着したのも、今から25年ほど前から鍵山秀三郎氏にたびたびご講演をしていただいたことが深く関係しています」

私が取材したときに説明はなかったが、やはり、鍵山氏とつながっていたようだ。

この「埼玉掃除に学ぶ会」の様子を伝えた埼玉新聞には、「イエローハット創業者の鍵山秀三郎氏（八二）が実践するトイレ掃除を八年続けている本庄市立本庄東中の関根栄一校長」とある。同じ記事には、「日本を美しくする会」の専務理事・千種敏夫氏が、「人が嫌がるところに大切なものがある」と話したことも記されていた。

朝日新聞の地方版によると、奈良、兵庫、石川、茨城など全国各地の高校や中学校でも、「素手トイレ掃除」が行われている。宮城県の中学校では、ＰＴＡも巻き込んで素手でトイレ掃除が行われ、河北新報がこれを報じたところ、インターネット上で「素手でのトイレ掃除は虐待だ」との批判が巻き起こったという。

鍵山氏の著書『掃除道』には、広島の県立安西高校で、トイレ掃除を続けることで校風が変わり、七年ぶりに体育祭が復活した例、「（無言で掃除をする）自問清掃」のモデル校になったという群馬県の富岡市立富岡中学校の例、「トイレ掃除に学ぶ会」を授業として採用した佐賀県立鳥栖《とす》商業高校の例などが紹介されている。

こうした「清掃教育」に取り組んでいる学校の実数は不明だが、便教会が各地に広がっていることを踏まえると、トイレ掃除を採り入れている学校もじわりと増えているのだろう。

横浜市は二〇一〇年度から、市内の全小中学校計五〇〇校で、用務員の仕事であるトイレ掃除を生徒が行うことを奨励するようになった。中田宏前市長の肝いりだった。中田氏は、鍵山氏の著書『掃除道』の帯に、「『気づける人』になるために、『本質がわかる人』になるために、『最後までやり抜く人』になるために、最も身近な入口が〝掃除〟だと知りました」という言葉を寄せている。

教職員向けに横浜市教育委員会が作った冊子には、「清掃活動で伸ばしたい力」として、公共心や規範意識、自律心などの醸成が挙げられている。トイレを美しくすることよりも、道徳的な効果が期待されていることが分かる。ただ、実際に効果があったかどうかは今も検証されていない。

あいさつの励行

「マナーキッズの基本は、あいさつとお辞儀です」

「マナーキッズショートテニス教室」は、こんなふうに始まる。

二〇一八年三月、茨城県の守谷市立松前台小学校で、「体育と道徳の融合授業」として、

「マナーキッズショートテニス教室」が開かれた。公益社団法人「マナーキッズプロジェクト」（東京都杉並区）が提唱しているものだ。

体育館に集まった小学二年生六一人を前に、講師が説明した。

「テニスの試合の前には、『よろしくお願いします』と言ってからおじぎをします。終わったら『ありがとうございました』と言います」

指導者は、講師を務める学習支援ボランティアの男性のほか、「守谷稲門会」という早稲田大学の同窓生と地域のボランティアの人たち。六五歳以上の男女が中心で、必ずしもテニス経験がある人ばかりではなかった。

指導者たちが「よろしくお願いします！」とお辞儀をすると、「よろしくお願いします！」と、子どもたちの大きな声が体育館に響いた。

最初は、体ほぐしの運動だ。タオルを上に投げて落ちてくる間に何回手をたたけるかを競ったり、二人一組になってタオルを引っ張り合ったりした。二人の間では、必ず「よろしくお願いします」のあいさつが交わされた。

「あいさつの際は、相手の目を見て言います」と、ポイントも教えられた。

マナーキッズで子どもたちに教えているのは、小笠原流の礼法だという。「実際の試合では、どうだったかな」と、テニスの国際試合を思い出してみても、そこまで細かいあいさつやお辞儀はしていないような気がするのだが……。
体ほぐしが終わると、テニスラケットを握り、コートへ。指導者が投げるボールを打ち返す。もちろん、ここでも「よろしくお願いします」と「ありがとうございました」は欠かさない。「お辞儀のときは、頭を下げるのではなく、腰を曲げます」と指導者が注意することもあるが、強く促すような場面はなかった。全体的になごやかな雰囲気で、「楽しかった」「習い事の先生は厳しいけど、ここでは、みんな優しかった」と、子どもたちにも好評だったようだ。授業の最後には、マナーキッズの修了証書が手渡された。

見学していた母親たちに感想を聞いてみると、「お辞儀やあいさつがきちんとできていた。教えてくださってありがたい」「おじいちゃん、おばあちゃんなど年配の方が注意してくれるか

1-3

テニス教室でおじぎをする子ども（2018年3月，茨城県守谷市の松前台小学校）

ら、背筋が伸びる気がするのかな」などと満足そうだった。「学校から配られるお便りの『道徳コーナー』には必ず目を通している」という人もいた。やはり、この日の授業は、テニスよりも礼儀の指導が期待されていたのだろうか。

松前台小学校は、守谷市のいじめストップ事業の指定校だった。いじめ防止の集会を開いたり、毎月の学年通信に「道徳コーナー」を作ったりしている。

これまで教科外の活動だった道徳が、二〇一八年四月から正式な教科になるのにそなえて、同校では、一人ひとりの成長の記録を見るための「道徳ファイル」を作った。一人一冊のそのファイルには、毎時間、子どもたちが道徳の授業を受けて感じたことを書いた紙がはりつけられていた。

二〇一七年度は、保育園、幼稚園と小学校の連携授業として、一年生と五歳児が一緒になった道徳学習も試みた。

毎月第三金曜日には、生徒指導部が中心になって「生活アンケート」を実施している。子どもが悩んでいることや不安なことがないかを知るためのアンケートで、「先生に伝えたいことはありますか」をチェックした子どもには、休み時間を使って会い、話を聞くという。「にこにこ班」は、異学年の縦割り活動だ。月に二回、一年から六年までのグループで一緒に遊ぶ。さらに、五、六年生でつくる運営委員会は毎朝、校門の前に立ち、登校してくる児童に「おはようございます」のあいさつをする「あいさつ運動」を実施。月によって学年別で実施したり、中学一年生が母校の小学校にやって来て、あいさつ運動に参加したりすることもある。

各教室の壁には「道徳コーナー」があり、「守谷しぐさ」がはってある。守谷しぐさとは、市教育委員会がつくった二四項目の心得で、「すてきな行い」を真似する「見習いしぐさ」、狭い道ではカニさん歩きをしたり肩を引いて歩いたりする「道ゆずりしぐさ」などがあり、この中から毎月一項目を選んで掲示するのだという。前年度までは、子どもが道徳の授業時間に書いたワークシートを全員分はっていた。だが、「張り出されると、子どもたちが負の感情を書けない」と気づき、掲示をやめたそうだ。

道徳に関する活動の多さに驚かされるが、校長は、「いや、特別に熱心なほうでもないと思いますよ」と遠慮がちな様子だった。授業の前に校長室であいさつをした時も、道徳のことではなく、「いやー、先生方は忙しいですよ」という雑談から始まった。道徳や英語の教科化が決まったことで、中身をどう工夫するかよりも、時間割に空きコマがない中で授業時間をどう工面するかに関心が向かっているように思えた。

教務主任の女性教諭は、「実際のところ、道徳はまだ手探りです」と打ち明けてくれた。道徳が教科になると、通知表では、数字ではなく文章による評価を記入しなければならない。

「何が狙いで何をする必要があるのかが分からず、現場は大混乱しています」とこぼした。

マナーキッズの「体育と道徳の融合授業」は、地域の学習支援ボランティアから持ち込まれた企画で、学校が主体的に考えたものではないという。

「マナーキッズプロジェクト」は二〇一七年度、横浜市教育委員会と協力し、市内の小学校二〇校で「マナーキッズ体幹遊び教室」を実施している。墨田区の助成事業にも選ばれ、二〇二〇年に開催される東京オリンピックにも絡んだ「おもてなし」イベントを開くなど、学校との連携を深めている。

小学生の保護者向けのチラシには「世界の人々から尊敬される日本人を目指して」とあった。ここでも、トイレ掃除と同じ「日本人」がキーワードだ。

なぜ、あいさつとお辞儀なのか。

マナーキッズプロジェクト理事長の田中日出夫さんは会社勤めをしていたころ、社員があいさつをしないことに気づいた。「あいさつの基本が、小学校で教えられていないのではないか」と疑問に感じたという。「僕らのおじいちゃん、おばあちゃんは、畳の上で物差しを背中に当てられたりして、姿勢を正していた。でも、敗戦を五歳で迎えた僕らの世代から、あいさつをやらなくなったと思うのです」

早大時代、体育会のテニス部でキャプテンだったという田中さん。テニス協会のボランティアとして、子どもたちにテニスを教える際に、あいさつや姿勢についても指導するようになった。その様子をＮＨＫが面白い試みとして放映すると、大きな反響を呼び、スポンサーを申し出る企業が相次いだ。二〇〇九年、公益社団法人「マナーキッズプロジェクト」を立ち上げた。

二〇一〇年度には、東京都品川区が区の事業として初めて、マナーキッズ教室を採用。二〇一八年一〇月現在、マナーキッズ教室を開いた小学校は、全国三八都道府県の四〇六校にのぼるという。一九四〇年生まれの田中さんは、「これまで、子どもたちにあいさつを教えてこなかったことを反省する必要がある。一〇年間で二八万人が受けたが、三歳以上の子どもたち全員に受けてもらうには間に合わない。国民運動にしていきたい」と意気込む。

「スタンダード」の流行

掃除やマナー、あいさつなど「心を磨く」活動が学校で重視されるなか、これを「マニュアル化」しようとする動きもある。

いま、学校や教育委員会で流行しているのが、「〇〇小学校スタンダード」作りだ。グーグルの検索画面に「小学校　スタンダード」などと入力すれば、無数の学校のスタンダードを見つけることができる。

「スタンダード」とは、直訳すれば「標準」。マニュアルだ。校則のように、「きまり」としている学校もある。教育委員会が教員に授業の仕方を示す「授業スタンダード」や、学校で指導方法を統一する「教員スタンダード」、保護者へ持ち物や心構えを伝える「保護者スタンダード」までできている。学校が指針として掲げるだけではなく、保護者にプリントを配る場合もある。

その内容は、鉛筆の本数、下敷きの色など持ち物についての決まりから、正しい姿勢、発表の仕方、ノートの取り方、教科別の授業の受け方までさまざまだ。

「あいさつは自分から笑顔で元気よく」「早寝早起きをします」「はきものはそろえる」「廊下は黙って一列で右側を」「掃除は、無言で行います」などと、児童を対象に学校だけでなく家での過ごし方までマニュアル化されている。

『子ども白書2018』によると、東京大学大学院の村上祐介准教授が二〇一五年に全国一二七七の教育委員会を対象に調査をしたところ、回答した四四五自治体の約二割に授業スタンダードがあったという。

松前台小学校の「守谷しぐさ」のように、「〇〇小学校しぐさ」作りも広がっている。これは、文部科学省が作成した道徳の副教材『私たちの道徳』（小学五、六年用）にも掲載されている「江戸しぐさ」にならったものだ。

「江戸しぐさ」は、歴史研究家の原田実氏によって、江戸時代にはなかった偽史であり、戦後に創作されたことが明らかにされている。しかし、二〇一四年以降、『私たちの道徳』には出典も明記されず、載り続けている。雨の日に人とすれ違うとき、傘を傾ける「傘かしげ」などが有名だ。二〇一八年春、アルマーニの制服を採用したことで有名になった東京都中央区立泰明小学校の校長も、集会で「江戸しぐさ」に触れていたとして話題になった。たとえ空想で作られたものであっても、「日本人らしい礼儀正しさ」が教育者の心をとらえるのか、今も信奉している人は多い。

たとえば、二〇一三年一月に児童会が制定したという宮城県の塩竈《しおがま》市立杉の入小学校の「杉小しぐさ」は、「心が通う　ニコハキあいさつ」「気持ち考え　やわらか言葉」「笑顔が絶えない　親切ごころ」の三項目からなる。同校のホームページには、「『江戸しぐさ』になぞらえ、子どもたちの視点でより良い生活を目指し、全校から言葉を募り作成したもの」と記されている。

子どもにも自己評価

こうした子どもの「あるべき姿」を示すだけでなく、いま多くの学校では、日常生活の意欲や態度を子ども自身に自己評価させることが進められている。企業などで採り入れられている「Ｐｌａｎ（計画）、Ｄｏ（実行）、Ｃｈｅｃｋ（評価）、Ａｃｔ（改善）」の「ＰＤＣＡ」サイクルの実践が、学校にも広がっているのだ。

北海道では、将来のなりたい職業をイメージする「キャリア教育」の推進を目的に、なりたい職業や毎日の生活目標を「マイノート」に書いてチェックするという活動が導入されている。子どもたちは、小学校、中学校、高校の九年間、このノートを使うことになっている。たとえば、小学校低学年用のマイノートでは、一学期の初めに、「がっこうでのせいかつのなかで　がんばってみたいこと」や「たのしみなこと」を書く。学期末には、振り返りのページで、「ともだちと　なかよくあそんだり　たすけあったりしていますか」「きちんとあいさつや　へんじをしていますか」など一〇項目について、１～４までの四段階の数値で自己評価する。これが三学期分ある。

また、マイノートとは別に月一回、生活目標を立てて、月末に守れたかどうかを四段階で自己評価するアンケートも実施されている。困っていることがあるかどうかをチェックする欄もあり、記入した子に対しては、教員が面談をする。

道内の小学校で担任をしている女性教諭は、生活アンケートには「目的をもって毎日を過ごして欲しい」という狙いがあり、実際に「教師も常に子どもに目を向けられる」という利点があると評価する。

ただ、一方で、「毎月やる必要があるのか」と疑問に感じているという。高校まで使うことになっているキャリア教育のマイノートについても、「中学校でノートを捨ててしまった子もいる。何のためにやっているのかな」とつぶやいた。

不合理な校則

二〇一七年、生まれつき茶色い髪を黒く染めるよう何度も指導されて精神的な苦痛を受けたとして、大阪府立高校三年の女子生徒が、府に約二二〇万円の損害賠償を求める訴訟を大阪地裁に起こした。生徒は、黒染め指導に応じていたが、元の色に戻るたびに染色を強いられ、髪も傷んで、頭皮に痛みを感じるようになったという。二年生のころには黒染めが不十分だとして、授業に出るのを禁止され、修学旅行にも行けなかった。三年のときに名簿から削除され、教室の席もなくなった。提訴の時点で、生徒は不登校が続いているという。

この裁判が報じられると、ネット上などで「人権侵害では」という声が上がり、ロイター通信や英国ＢＢＣ放送など海外メディアでも取り上げられた。

なぜ、こうした頭髪指導が必要なのだろうか。

「ルールを守れる人間を育て、学校の秩序も保てる」

ある府立高校で長年頭髪指導をしてきた教諭は、朝日新聞の取材に対して、こう説明している。一方、「服装や頭髪は個人の自由。上から抑えつけることに苦しさもある」と打ち明けた。

髪の色に対する指導は、広く行われている。朝日新聞が二〇一七年、東京都立の全日制の高校一七〇校に尋ねたところ、約六割の高校が、生徒が髪を染めたりパーマをかけたりしていないかを見分けるために、生まれつきの髪の色を証明する「地毛証明書」を用意させていたことが分かった。少なくとも一九校では、幼児や中学生のころの髪の毛の色が分かる写真まで提出させていた。

大阪の裁判を受けて、同年一二月には、子どもを支援するNPOなどが主導して、「ブラック校則をなくそう！　プロジェクト」が結成された。文部科学省によると、校則は各学校で決められていて、まとまった調査がない。そこで同プロジェクトでは、人々がどんな校則を体験したのか、年代別に調べることにした。不合理な「ブラック校則」について世論を喚起するのが目的だ。

プロジェクトが二〇一八年二月、調査会社に委託して一五歳以上六〇歳未満の男女二〇〇〇人と現役中高生の親二〇〇〇人の延べ四〇〇〇人を対象にアンケート調査をしたところ、生まれつき「茶色」の髪をもつ生徒の一～二割ほどが、中高生時代に黒く染める指導を受けていることがわかった。

男女二〇〇〇人のうち、もともとの髪の毛が「黒髪ストレート」の割合は約六割だった。生まれつき「茶色」は八%。「茶色」の人のうち、中学で約一割、高校で約二割が、黒染め指導を経験していた。これは、全体の一~二%にあたるという。

体罰などの理不尽な指導の経験は、若い世代ほど少なかったが、髪型やスカートの長さなど外見についての校則を体験したのは一〇代で多い傾向も浮かび上がった。

理不尽な指導の経験を尋ねた項目で、中学時代に教員から「軽くたたかれた」「強くたたかれた」と答えた四〇代はそれぞれ約二七%と約三一%だったが、一〇代はそれぞれ約一五%と二・五%に減少。暴力的な指導の経験は、親世代で多かった。

ところが、髪型やスカートの長さ、「下着の色が決められている」など外見に関する校則は一〇代で多かった。

中学時代の校則で「下着の色が決められている」と回答したのは、全体では四・七%だ。一方、一〇代に限ると、約一六%。現役の中学生の保護者一〇〇〇人を対象にした調査でも、一二・七%が、子どもが通う中学で「下着の色が決められている」と答えている。

自由記述では、「女子生徒の下着の違反チェックを男性教諭が行った」「女子のスカート丈をチェックするために、ひざまずかせて隣の男子生徒にチェックさせる」といったセクハラ事例も寄せられている。

身なりに対する校則は、むしろ若い世代で厳しくなっているようだ。

同プロジェクトの荻上チキさんは、「理由は不明だが、近年、生徒を管理していこうという機運が高まっているのではないか」と話していた。

肌着も禁止

子どものプライベートゾーンを管理する傾向も強まっている。

「肌着禁止の理由ってなに？」「すれたら痛いし、意味が分からない」「これもう性的虐待では」……。二〇一八年五月、SNSのツイッターで、体操服の下に肌着を着てはいけないという小学校のルールが話題になった。

女子児童の母親が、胸が透けるのを心配するツイートをしたのを機に、「うちの子の学校にもある」との声が拡散した。私も小学生の子どもに聞いたところ、やはり、下着は脱ぐように指導されているという。ツイートの一部には、「四〇年前、自分の学校でも指導されていた」という声もあったが、多くは、「自分の時代にはなかったルールだ」と訴えている。最近、広がったのだろうか。

「着替えるのに時間がかかるから、下着は脱いでいこうかな」

都内の母親は、運動会の朝練習に出かける前に、小学四年の長女がつぶやいた言葉に驚いた。理由を尋ねたところ、長女が通う区立小では、体操服に着替える際に下着を脱ぐことになっているという。「女の子なのに、体操服一枚になるのは気になる」と、担任の教諭に相談し、校長にも「ルール化はおかしい」と伝えた。

ルール化された理由は、あいまいだった。担任は「汗をかくと体が冷えるから」と言うが、校長は「汗臭くなるから」と説明した。結局、校長は「検討します」と応じただけで、すぐにはルールの廃止につながらなかった。

同じ学年の女子児童には、ブラジャーをつけている子もいるという。母親は「子どもにとって、自分の発育は初めてのこと。大人が気づいて言わないと、子どもの体が無防備にさらされることになる。なぜ学校が、プライベートなところまで立ち入るのか」と憤っていた。

インターネットのサイトには、体操服姿の女子小学生の画像を集めたサイトも散見される。「運動会の観覧が保護者に限られていたとしても、安心できない」と母親は話す。保護者による盗撮が、絶対にないとは言い切れない。

私も調べてみたが、明らかに胸がふくらんでいて、乳首が浮き出ているのが分かる写真が性的なサイトに投稿されていて、ぞっとした。

制服・体操服メーカーの菅公学生服（岡山市）が二〇一七年三月、東京都と神奈川県に住む、小学生の子どもがいる母親一〇〇〇人を対象に行った調査によると、一四・四％が「下着（ブラジャーや肌着）の着用が認められていない」と答えている。一、二年生に限ると一九・九％だ。一方、複数のメーカーに尋ねたところ、下着を脱ぐことを前提に体操服を作っているわけではなかった。

肌着禁止のルールは、スポーツ庁や教育委員会の方針というわけでもない。学校ごとに決まっているようだった。「肌着が汗でぬれた後に体が冷えると、風邪をひきやすい」といった理由が目立ち、ルールの内容もまちまちだ。

都内のある公立小では、「原則は完全禁止」にしている。例外的に、ブラジャーが必要になった高学年の女子に「スポーツブラ」を認め、スポーツブラが目立つのが気になる女子のみ、肌着を着ることができるという。

このように一部の学校では、ブラジャーの形まで学校が決めているのだ。

一方、別の都内の公立小では、四年時に、養護教諭が女子については下着をつけるように指導。着ていない児童については女性の教員が声掛けをしているという。

この公立小の副校長は、前任校で、隣接するビルから、水泳の授業で水着姿の児童を盗撮された経験がある。「今後はますます、こうしたことが増えていくかもしれない。保護者からの意見があれば、ルールの変更も検討したい」と話す。

この副校長は、「もしかすると、スクール水着も時代遅れになるかもしれない」と気をもんでいた。

専門家によると、体操服に着替える際に下着を脱いだほうがいいかどうかは、肌の荒れ具合など、一人ひとりの肌の状態によるし、一律に決められるものではないという。

それなのに、なぜ「全員が」脱ぐ必要があるのか。汗で湿るというなら、換えの下着を持参することもできる。そもそも下着をどうするかは、個人の自由だ。肌が透ける女の子だけが問題なのではない。しかし、都内や関西、九州の一〇校程度に取材したところ、下着禁止のルールを問題視している学校は前述の一校だけだった。残りの学校は、どんな合理的な理由で規則を設けているのかも分からなかった。

不合理な校則にも従順な子どもたち

学校の決まりは、「生徒心得」などに明文化されたものもあれば、慣習になっているものもある。そのため、実態は分かりにくいが、近年はＳＮＳで情報が広がり、ネット上で議論になることも多い。

二〇一八年夏には、生理中の女子生徒にもプール授業を強要する学校があることが、ツイッターで話題にのぼった。これも多くの保護者が「自分の時代には、生理中はプールに入らず、見学していた」とつぶやいていたことを踏まえると、最近の傾向なのかもしれない。

「月経血は、水の中では漏れにくい」という理由らしいが、これも個人差がある。プールサイドに並んでいるときに漏れてしまうことは避けられない。しかも、成人女性ではなく、多感な思春期の女子生徒たちだ。見られれば本人が恥ずかしく思うのはもちろん、男女問わず、はやし立てる生徒もいるかもしれない。それがいじめにつながる可能性もある。

だが、不合理な校則やルール、授業について、子どもたち自身から、疑問の声が上がることは少ない。

毎年春に実施される全国学力・学習状況調査では、子どもの学習面や生活面についても尋ねる「質問紙調査」がある。「学校のきまり（規則）を守っていますか」の項目で、二〇〇七年度に「当てはまる」と回答したのは、小学校で三一・六％、中学校で三九・六％だった。これが、二〇一七年度には、小学校で四六・三％、中学校で六二・五％に増えている。「どちらかといえば当てはまる」を加えると、ほぼ九割が守っていることになる。子どもたちは、一〇年前より従順になっているようだ。

高校生が保守化しているというデータもある。

大阪大学が二〇〇一年から六年おきに実施している高校生を対象とする意識調査によると、「国のためにやりたいことが制限されてもかまわない」に「賛成」「やや賛成」と答えたのは、二〇〇一年の四・二％から二〇一三年には八・七％に倍増。「日本の文化・伝統はほかの国よりも優れている」は二九・六％から五五・七％に増えた。一方、「太平洋戦争の件で日本は謝罪すべきだ」は六四・五％から三九・六％に減っている。「校則を守ることは当然」という意識も、二〇〇一年の六八・三％から、二〇一三年は八七・九％と、二〇ポイント近くも増えている（友枝敏雄『リスク社会を生きる若者たち』参照）。

掃除やマナー教育など、学校で広がる道徳的な活動と従順になる子どもたち。その背景には何があるのだろうか。

第二章

道徳の教科化

価値観の押し付け？

なぜ「パン屋」が「和菓子屋」に？――。

二〇一七年三月、初めて行われた道徳の教科書検定が注目を浴びた。教科書検定とは、文部科学省が、民間の出版社がつくる教科書が適切かどうかを審査する制度。主に内容の正確さや、学習指導要領に沿っているかどうかをチェックし、不適切とした部分には検定意見をつけて、修正を求める。出版社が修正に応じて合格すれば、各自治体で使う教科書を決める際の候補となる仕組みだ。

パン屋が和菓子屋になったのは、東京書籍の小学一年用の道徳教科書に載った「にちようびのさんぽみち」という教材だ。「学習指導要領の示す内容に照らして、扱いが不適切」という意見がついた。同社は、小学四年の教科書にある「しょうぼうだんのおじさん」でも同様の指摘を受け、「しょうぼうだんのおじいさん」と題名を変更し、挿絵もおじいさんに変えた。

文科省は、パン屋そのものを指摘したわけではなく、教科書全体で、「我が国や郷土の文化に親しみ、愛着をもつ」という点が不足していたと説明する。あくまで、出版社側が自主的に修正したということらしい。同様の検定意見は、学研教育みらいの小学一年の教科書にも付き、「大すき、わたしたちの町」という教材で、子どもたちがアスレチックの公園で遊ぶ絵が、和楽器を売る店を訪ねる絵に差し替えられている。現実には、街中で和楽器を売る店など、なかなか見かけることはない。こうした不自然な修正をしなければならないほど細かい検定意見に、出版社側は戸惑ったようだ。

東京書籍の小学四年に載った「しょうぼうだんのおじさん」は、学習指導要領に示された「感謝」の扱いが不適切だとされた。学習指導要領では、「家族など生活を支えてくれている人々や現在の生活を築いてくれた高齢者に」感謝をしなければいけない、とされている。わざわざ、「高齢者」を意識して、「おじさん」が「おじいさん」になったのだった。

小学校の道徳はこれまで教科書もなく、評価もされない「教科外の活動」だった。それが二〇一八年四月から「特別の教科」に格上げされ、先生が用意した教材や副読本ではなく、検定に合格した教科書を使うことになった。通知表では、1〜5など数値での評価ではなく、その子が成長した点などを記述するかたちで評価が行われる。さらに、年三五コマ（一年生は三四コマ）の授業だけでなく、人格全体の育成にかかわるという性格から、学校の教育活動全体を通じた道徳教育の「要」であると、小中学校の学習指導要領総則に定められた。

文科省は、道徳の教科化にあたって、「特定の価値観を押し付けるわけではない」と再三説明してきた。偉人伝など従来の「読み物」中心の道徳教育から、「考え、議論する道徳」

に転換することも強調している。だが、教科書検定を見る限り、やはり「子どもたちの内面を一定の方向に導いていきたいのではないか」という懸念はぬぐえない。

教師の力量で差

ほかの人と違う意見を堂々と発表したのに、クラスのみんなに笑われて、先生にも受け止めてもらえなかった男の子の目に涙が……。

二〇一八年四月二三日、ＮＨＫの「クローズアップ現代＋」で映し出された場面が、インターネット上で話題になった。

番組は、道徳の教科化をテーマに、実際の授業にも密着。先生と子どもたちとのやりとりや戸惑いを描いていた。先に示したシーンは、杉並区立のある小学校の四年生の教室でのできごと。男の子の涙が衝撃的だったのか、ツイッターでは、一〇万件を超える「いいね」が付いたツイートもあったほどだ。

なぜ、こんなことになったのか。問題の場面を振り返ってみる。

この授業で使われた教材は、「お母さんのせいきゅう書」という教科書に載っていた物語だった。まず、そのストーリーを紹介しよう。

ある日曜日の朝、主人公のたかしがテーブルにつくと、お母さんのお皿の近くに一枚の紙切れをおきました。それは、お母さんへのせいきゅう書。「お使い代」「おそうじ代」「おるすばん代」で合計五〇〇円と書かれていました。それを見たお母さんは、五〇〇円をお皿に添えて、たかしへのせいきゅう書をおきます。病気をしたときの看病代、洋服や靴代などの項目はすべて〇円で、合計も〇円。読み終わると、たかしの目は涙でいっぱいになりました——。

物語を読んだ後、先生は「お母さんの気持ちになって考えて」と問いかけた。子どもたちからは、「私の宝物はたかしだから、お金なんてもらわないよ」「お金の代わりに成長を見せてね」など、お金を請求しなかったお母さんの思いを支持する意見が相次いだ。

その中で一人だけ異なる意見を発表したのが、前述の男の子だった。男の子は、お母さんの気持ちをこんなふうに想像した。

「子どもっていいな。えらいことをするとお金がもらえるから。私も子どもがいいな」

彼がそう発言すると、教室は笑いに包まれた。先生も、男の子の意見を受け止めることなく、「でも、お母さんは〇円の請求書を渡したわけじゃん」と言ったのだった。予想外の意見が出たことに驚き、ほかの子と同じ答えに導こうとしたのかもしれない。

男の子は涙を流し、それ以上、意見を言うことはなかったという。「男の子の家庭は共働きだ」というナレーションも挿入された。

「あの子の主張は決して間違いではない。多様性はどこへ」

「親の立場として、最初のＶＴＲは涙が出た」

ツイッターでは、番組終了直後から、この授業に疑問を投げかける声が次々に投稿された。

そもそも、「お母さんもお小遣いがほしい」という男の子の考えは、先生が訂正しなければならないほど珍しい意見だったのだろうか。

家事や子育てなど家庭内の「無償労働」は「アンペイド・ワーク」とも呼ばれ、女性に偏っていることが問題視されてきた。

一九九五年の「世界女性会議」以降、無償労働を貨幣評価して可視化する試みが盛んになされた。日本でも一九九六年から二〇一八年まで五回、内閣府が推計している。二〇一三年には、二〇一一年時点の無償労働を推計。その結果、日本の無償労働の総額は、ＧＤＰ換算で九七兆～一四〇兆円にのぼるとされた。専業主婦一人あたりの年間の無償労働は三〇四万一〇〇〇円、有業の既婚女性は二二三万四〇〇〇円で、男性の平均は五一万七〇〇〇円だった。母親の家事や育児を「無償の愛」と決めつければ、こうした男女の差も見えなくなってしまう。

二〇一六年に放送されたＴＢＳのドラマ「逃げるは恥だが役に立つ」は、大学院を修了した女性が失業し、独身男性の家事を請け負う仕事をして給料をもらう。やがて二人の関係は恋愛に発展するのだが、愛の名の下に給料がもらえなくなることに対して、主人公の女性は「愛情の搾取」だと反発する。最終回では、二人が対等なパートナーシップを模索する姿が描かれ、多くの視聴者の共感を得た。家事に対して報酬を得るという考え方は、決して異端でも何でもない。

とすると、男の子の意見は、的を射ていたともいえる。

「無償の愛」を持ち上げるこうした内容の授業は、全国の学校で行われている可能性がある。「お母さんのせいきゅう書」と同じ内容の教材が、小学校の道徳教科書を発行する八社すべてで採用されているからだ（タイトルは異なる）。

もともと、「お母さんのせいきゅう書」は、小学三、四年の道徳では定番の教材だった。文科省が二〇一四年から配布している副教材『わたしたちの道徳』（小学三、四年用）にも、「ブラッドレーのせい求書」という題名で載っている。出典は、グリュンベルク作、上村哲彌訳『子供研究講座第九巻』（先進社）とある。道徳が正式な教科になる前から、先生たちにはなじみ深い教材だったようだ。

小学校の学習指導要領「特別の教科　道徳」には、児童に教えるべき価値として、「規則

2−1

文部科学省が配布している道徳の副教材『わたしたちの道徳』.「ブラッドレーのせい求書」が載っている.

の尊重」「勤労、公共の精神」など一九〜二二の項目が、学年ごとに定められている。その一つが「家族愛・家庭生活の充実」で、三、四年では「父母、祖父母を敬愛し、家族みんなで協力し合って楽しい家庭をつくること」と明記されている。

だが、子どもたちの家庭環境はさまざまだ。お母さんがいない子もいるし、親が家事をせず、子どもが担っていることもある。家族愛どころか、親に殴られている子どもだっているだろう。しかし、学習指導要領で想定されているのは、父母だけでなく祖父母もそろっている「楽しい家庭」だ。

授業の進め方によっては、多様な家庭があることを踏まえて、「お母さんも、本当はお金がほしいと思っているかもね」などと先生が肯定してあげることもできたかもしれない。だが、道徳教育は、校長の方針に従って、道徳教育の推進を担当する教師を中心に展開しなければならないと学習指導要領に定められているため、個々の教員が工夫する余地は少ない。

番組では、授業の前に、担任の先生が校長に相談をしている。「お母さんの子どもに対する気持ち、思い、無償の愛を考えさせたい」という先生に、校長は「家族を大事にしようとする気持ち、心情を育てるとか、たぶんそうなるよね」と応じていた。だが、私には、家族の多様性や子どもの気持ちへの配慮がなされているようには見えなかった。授業の後、男の子の頭をなでる先生の姿は映っていたけれども。

文科省は、道徳の教科化にあたって、従来の「読み物道徳」から、「考え、議論する道徳」に転換すると手法ばかりをＰＲしているが、学習指導要領そのものが「勤労、公共の精神」など、特定の価値を身につけるよう指示しているなかで、子どもたちが、教員の指導案にそぐわない自由な結論を出すのは難しい。

二〇一八年一一月、小学四年生になる自分の子どもの学校公開で、道徳の授業を見学する機会があった。

そのなかで、「ゲームを学校に持ってきた子に、どんな言葉をかけますか」と先生が質問し、子どもたちが答えを発表する場面があった。

先生は、「ゲームを学校に持ってきてはいけないよ」という趣旨の意見が発表されると、次々に板書していく。が、「ずるいよ」と答えた男の子の意見だけは「えーっ」と受け流し、黒板に書かなかった。

一人だけゲームを持ってきた子に対して「ずるい」という感想をもつ子は、彼だけではないはずだ。場合によっては、「ずるい」という気持ちを深掘りすることもできたかもしれない。にもかかわらず、「正解」に合わせて、「ゲームを学校に持ってきてはいけない」と注意すると発表した子だけが受け止められ、そこから外れた意見は無視されたのだった。

意見を自由に発表することの難しさを目の当たりにした思いだった。

実は学習指導要領の解説には、こんなことも書かれている。

「道徳科の授業では、特定の価値観を児童に押し付けたり、主体性をもたずに言われるままに行動するよう指導したりすることは、道徳教育の目指す方向の対極にあるものと言わなければならない」

こうした理念が掲げられているものの、道徳科を教える上で、専門の教員資格は必要とされず、数学や理科のような科学的な裏付けがない道徳は、教える側の社会経験や人格がもろに反映されてしまう。子どもの育ちが、教師の力量に大きく左右されてしまいかねない。

結論ありきの道徳教科書

では、教師の主観に左右されないように教科書通りに教えれば問題はないのだろうか。

二〇一八年度から使われている小学校の道徳教科書は、文部科学省の検定に合格した八社が発行している。各社とも一年から六年まで学年ごとに一冊ずつ出しており、子どもが感想などを書き込むノートを付録につけたり、学習の「ふりかえり」として、矢印や顔マークなどで自己評価をする欄を設けている社もある。掲載されている教材には、学習指導要領に定められている「節度、節制」など二二の項目のどれに対応しているかが明記され、目次を見ると、各社とも似たような構成になっている。

それぞれの教科書を開いてみると、複数の教科書に共通して載っている人気の教材があることに気づく。

たとえば、五、六年の定番は、「手品師」という物語だ。

腕はいいが、売れない手品師がいる。ある日、街角で寂しそうな男の子に出会い、手品を見せたところ、男の子は明るさを取り戻した。手品師は明日も来ることを約束して男の子と別れたが、その晩、遠方に住む友人から電話があり、「明日、大劇場に出られる」と告げられる。有名になるチャンスだ。手品師は迷いに迷って……。さあ、どうする?

『「特別の教科　道徳」ってなんだ？』（「道徳の教科化を考える会」宮澤弘道・池田賢市編著）には、「手品師」を使った授業例が挙げられている。

手品師が大劇場に行くかどうか迷っている時点で、教科書を読むのを中断して、どうすればいいと思うか尋ねると、クラスの七割の子が、「男の子をステージに招待すればよい」と答えた。「男の子のお母さんと手品師が再婚すればいい」（再婚家庭の子）、「もうけてもうけてもうけまくったほうがいい」（生活保護家庭の子）などの意見もあったという。

ところが、最後まで読んだクラスの子どもたちは、「手品師が男の子との約束を守って、街角で手品をする」という結末を知ることに。途中の場面で、「男の子との約束を優先」とした子どもたち（一割しかいなかった）から、「よっしゃ！　正解！」の声があがり、「ステージに招待」と提案した八割の子たちも、物語の結末を支持する意見に乗り換えたという。

学校で「正解」をいつも探している子どもたちは、求められる「正解」が、自分の意見と違っていることが分かると、簡単になびいてしまうということか。

教科書の力というのは、こんなにも大きいのかと驚いてしまう。

「手品師」は、学習指導要領の項目「正直、誠実」に対応している。

小学五、六年の学習指導要領で「正直、誠実」のところには、「誠実に、明るい心で生活すること」と書かれている。ちなみに小学一、二年は、「うそをついたりごまかしをしたりしないで、素直に伸び伸びと生活すること」だ。つまり、手品師が嘘をつかずに男の子の前で手品を見せるという決断は、学習しなければならない「価値」だと、国によって定められているのだ。

それにしても、「素直に伸び伸び」「明るい心で」などと、子どもの生活態度まで国が決めてしまうのは妥当なことなのだろうか。

あらかじめ結論が決まっている物語ばかりの道徳教科書だが、なかには、子どもに考えさせる工夫をしていると感じられる教材もある。

光文書院の小学四年の教科書にある「どっちがいいか」は、「ルールがある村とルールがない村、どっちがいいでしょうか」と問いかける。

ルールがなく自由だけれど、争いの絶えないあさひ村。村人たちは、相談してたくさんのルールを作った。「人のことをわらってはいけません」「人に出会ったら、あいさつをしなければいけません」「家の中で、ねそべったり走り回ったりしてはいけません」……。村に争いはなくなったが、しばらくすると、人々はたくさんのルールを少し窮屈に感じるようになっていく——。

同社の教科書には、「みんなでつくろう！　がっきゅうルールブック」（三年）や、「いらなくなったきまり」（六年）などの教材もあり、「ルールは絶対的なものではなく、自分たちで考え、つくったりやめたりすることができる」という視点が感じられる。

光村図書出版は、小学五年の教科書に「子どもの権利条約」の一部を掲載している。憲法二六条「教育を受ける権利」の説明の後半には、「学校の決まりは、人はだれでも人間として大切にされるという考え方から外れるものであってはなりません」と書かれている。

いま、頭髪の色は黒でなくてはならないとか、下着の色は白に限るといった、不合理な「ブラック校則」が問題になっているが、人権を侵害しかねないこうした決まりが上から押し付けられようとしたとき、子どもたちの側から「権利の侵害だ」と異議申し立てをしてもいいのだというメッセージなのだろうか。同社の小学六年版では「世界人権宣言」を扱っている。

小学三、四年の学習指導要領の「規則の尊重」には「約束や社会のきまりの意義を理解し、それらを守ること」とあり、決まりはあくまで守ることが前提になっている。五、六年には「自他の権利を大切にし、義務を果たすこと」が含まれているが、編集者が十分に議論をしなければ、学習指導要領に示された価値を押し付けるような教材を教科書会社の編集委員会などが選んでしまい、子どもを尊重した教材は生まれないかもしれない。

一方、教育出版の小学一年版の巻末には「みにつけよう　れいぎ　マナー」として、お辞儀の仕方や、場面によってお辞儀の角度をどう使い分けるかの説明が載っている。ほかの学年でも、「スキル」と書かれたマークを付されて「あいさつ」が強調され、五年では、場面ごとのロールプレイを促すページがある。礼儀は形から入るのが基本だと捉えられているのだろうか。

マナーについては、廣済堂あかつきなど二社が、「フィンガーボウル」という教材を取り上げている。

食事のときに指先を洗うフィンガーボウルの使い方を知らなかった客人が、そこに入っていた水を飲んでしまったのを目にした女王様。知らないふりをして、自らもボウルの水を飲み干したという話だ。形式通りのマナーではなく、状況によっては自分で考えることを促す教材として選ばれているのかもしれない。

こうしてみると、学習指導要領の同じ項目でも、教科書会社によって教材を選ぶ視点に少し違いがあることが分かる。

ではなぜ小学三、四年の「家族愛、家庭生活の充実」に対応する教材はすべて、「お母さんのせいきゅう書」（あるいは「ブラッドレーのせい求書」など。先述したように、タイトルが違っても、基本的な内容はすべて同じ）になっているのだろうか。家族のかたちはそれこそ千差万別なので、どんな子にも当てはまるような教材を選ぶのは難しいということで、文科省が出している副教材とそろえたのだろうか。

熊本大学大学院の苫野一徳准教授（教育哲学）によると、道徳はもともと、ある共同体の習俗や慣習に過ぎない。歴史を振り返ると、各国の道徳がぶつかり合って、宗教戦争などが繰り返し起きてきた。苫野氏は、「道徳を家庭で教えることはできても、公教育で教えるのはナンセンス」と言い切る。

教科化への道筋

そもそも今になってなぜ、「特別の教科　道徳」が生まれたのだろうか。

日本の学校教育としての道徳の起源は、一八七二（明治五）年にさかのぼる。

明治新政府はこの年、中央集権の国家体制を確立するために、西洋諸国にならって新しい教育制度を整備した。「学制」だ。これを受けて設けられた教科の一つが「修身」という道徳教育だった。だが、明治維新後の混乱のため、学制の存続は困難となり、各地方の自主性を尊重する自由教育の機運が高まっていく。そこでは道徳教育は重視されず、「修身」は教科の下位に置かれていた。

しかし、儒学者などの間で批判が高まり、明治天皇も「徳育の荒廃」を憂慮するなか、一八八〇年、新しい教育令が出される。一転して「修身」は教科の頂点に位置づけられ、儒学者によって教科書もつくられた。「孝行」「忠節」など二〇の徳目からなる宮内省の修身書が全国の小学校に配布され、「尊皇愛国」に沿った道徳教育へとつながっていく。

一八九〇年には明治天皇の名のもとに、教育の基本方針を示した「教育勅語」が発布される。修身科も、これに沿って行われることになり、一九〇四年からは小学校で国定教科書が使われるようになった。教育勅語には、「夫婦仲良く」「友を大切に」といった一般的な道徳も含まれていたが、天皇のために尽くすという臣民教育をその骨格としていたため、第二次世界大戦後、子どもたちを戦争に駆り立てる際の思想的な基盤になったと批判されることになる。

一九四五年、修身の授業は、占領軍(GHQ)の指令によって停止が決まった。その二年後には教育基本法が制定され、修身の代わりに導入されたのが、公民・地理・歴史も融合した「社会科」だった。社会科では「社会生活についての良識と性格を養う」ことが目的とされた。

ところが、戦後も道徳教育の復活を求める保守派からの声が後を絶たず、一九五七年には当時の松永東文相が、「社会科の中で教えていた道徳は社会道徳とか、公衆道徳だけで限界がある。もっと深く人間を作りあげるということから、独立科目を設ける必要があるのではないかと思う」と発言。五八年三月に、道徳教育の実施要綱が定められ、四月から「道徳の時間」が特設された。

ただ、「道徳の時間」は正式な教科ではなかったため、推進派からは、道徳教育が軽んじられ、形骸化しているとの批判が続いていた。

校内暴力などが社会問題化した一九八〇年代には、中曽根康弘首相（当時）が設けた「臨時教育審議会」が「徳育の充実」を打ち出す。その後、道徳教育の中に「ボランティア活動」や「自然体験活動」が盛り込まれたり、「心のノート」が配布されたりしたが、反対論も根強く、教科になることはなかった。

教科化を一気に推し進めたのは、二〇〇六年に誕生した安倍政権だ。

安倍晋三首相は、同年九月の所信表明演説で、「子どものモラルや学ぶ意欲の低下」を問題視。「美しい国、日本」を実現するために、「家族、地域、国、そして命を大切にする、豊かな人間性と創造性を備えた規律ある人間の育成に向け、教育再生に直ちに取り組みます」と述べている。教育によって育成される人間像として「規律ある人間」が掲げられたのだ。

安倍首相はまず、文部科学相の諮問機関「中央教育審議会」（中教審）とは別に「教育再生会議」を設置。二〇〇六年末に、教育基本法を全面改正した。基本理念として「豊かな情操と道徳心を培う」「伝統と文化の尊重」「国や郷土を愛する態度」などをうたい、「家庭教育」の項目を新設するなど、保守的な改正が実現した。

教育再生会議の分科会は二〇〇八年三月、道徳を「徳育」として教科にする方針を打ち出した。だが、中教審では、「道徳教育を教科の範囲でやることには無理がある」「一方的に教え込むことが、道徳教育の充実につながるとは思えない」などと異論が相次いだ。安倍首相も健康上の理由で首相を辞任し、いったん道徳の教科化は見送られた。結果的に、中教審が歯止めをかけた形だ。

ところが、二〇一二年一二月、第二次安倍政権が発足した。「教育再生会議」は「教育再生実行会議」と改称されて再スタートし、前回よりも強い権限が与えられることになった。文部科学相が担当大臣を兼ね、事実上、中教審の力を弱めてしまったからだ。教育再生実行会議は二〇一三年二月、いじめ問題の解決には「規範意識」が必要だなどとして、道徳の教科化を提言した。二〇一四年一〇月には中教審が答申をまとめ、特別の教科化が決まった。

こうした急激な改革の背景には、安倍政権を支える運動団体の影響がある。

自民党右派の安倍首相は、憲法改正を推進する運動団体「日本会議」と連携して政策をすすめる「日本会議国会議員懇談会」に所属していた。一九九七年に結成された日本会議は、前身組織の時代から日本の歴史教育を「自虐的だ」と批判し、独自の歴史教科書（高校用）

をつくるなど、教育問題に強い関心をもってきた。

日本会議のホームページにある「国民運動の歩み」を見ると、結成翌年の一九九八年四月の出来事として、「道徳教育の推進、国旗国歌法制化をめざし国民論議を展開」とある。日本会議の運動の柱の一つが、教育基本法の改正だった。日本会議は、二〇〇〇年には、「新しい教育基本法を求める会」を設立し、「伝統と文化の尊重」や「公共の精神」などを教育基本法に入れるよう国会議員に要望。超党派の国会議員でつくる「教育基本法改正促進委員会」と連携し、約三六二万人の署名を集め、四二〇市区町村議会で、教育基本法改正を求める決議を主導した。

「教育の憲法」とされる教育基本法の改正は、一九八〇年代の中曽根康弘内閣が設置した臨時教育審議会のころから、憲法改正とともに右派の悲願だったのだ。

二〇〇六年、第一次安倍政権の下で、ついに教育基本法は改正された。改正教育基本法には、教育の目標として、「豊かな情操や道徳心」「国や郷土を愛する態度」などが盛り込まれた。二〇一七年二月に開催された「日本会議・日本会議国会議員懇談会設立二〇周年記念大会」に寄せた祝辞で、安倍首相は「皆様の活動の大きな成果である教育基本法の改正は、心ある国民が育ち、品格ある美しい国・日本を創る上での礎となりました」と述べている。

道徳教育は、一見すると、人が生きていくうえで大事な価値観を教えてくれる「いいもの」ととらえられがちだ。子育てに悩む親のなかには、歓迎する声もある。ただ、「公共の精神」一つとっても、こうしたナショナリズム的な運動のなかで強調されてきた経緯を考えると、自分のことよりも共同体（郷土、国家）に尽くすことを優先させ、究極的には「国のために命を捧げよ」という思想に結びついてしまうのではないかと心配になる。

教育勅語を道徳へ

「キョーイクチョクゴ！」

「キョーイクチョクゴ！　チンオモウニ……」

森友学園が経営する塚本幼稚園の園児たちが教育勅語を暗唱する様子がテレビで繰り返し取り上げられたのは、二〇一七年のことだ。この年の二月に朝日新聞が森友学園の土地取得に関する疑惑を報じると、それが発端となって国会では教育勅語の是非をめぐる論戦が繰り広げられた。

稲田朋美・元防衛相は同年三月九日の参院外交防衛委員会で、「教育勅語の中にある親孝行とか、夫婦仲よくするとか、友達を大切にするとか、日本は世界中から尊敬される道義国家をめざすべきだという考え方が核だと認識している」と述べた。

同月末に安倍内閣は、教育勅語について、「憲法や教育基本法に反しない形」で教材として使うことを認める閣議決定をし、五月には、約八五〇人の研究者が所属する日本教育史学会が、「日本国憲法や教育基本法と根本的に矛盾する」との声明を発表する事態となった。

一八九〇年一〇月に発布された教育勅語は、当時の道徳教育である修身科の基本理念となっていた。「朕惟《ちんおも》フニ」で始まるこの勅語では、夫婦が仲良くすること、父母に孝行を尽くすことなど、臣民が守るべき徳目が示されている。徳目の最後の「一旦緩急アレハ義勇公ニ奉シ以テ天壌無窮ノ皇運ヲ扶翼スヘシ」（万一危急の大事が起《おこ》ったならば、大儀に基づいて勇気をふるひ一身を捧げて皇室国家の為《ため》につくせ：文部省図書局による全文解釈）は、天皇のために命を捧げる軍国主義につながったと指摘されている。

一九四八年六月には、衆参両院で、教育勅語の排除・失効の確認が決議された。衆院の排除決議は「今日もなお国民道徳の指導原理としての性格を持続しているかのごとく誤解されるのは、従来の行政上の措置が不十分であったがためである」と反省し、「神話的国体観」に基づく教育勅語は基本的人権を明らかに損なうもので、国際的にも疑念を残す――とまで言い切っている。

その前年には教育基本法が制定され、ここに戦後教育の基本理念が示されることになった。だが、保守派の間で教育勅語は今も高く評価され、国会でもしばしば取り上げられてきた。

二〇一四年四月の参院文教科学委員会では、和田政宗議員（現在は自民党）が、「教育勅語は、排除決議とは関係なく、副読本や学校現場では活用できるという見解でいいか」と質問。当時の文部科学省初等中等教育局長だった前川喜平元事務次官が、「教育勅語の中には今日でも通用するような内容も含まれており、これらの点に着目して学校で活用するということは考えられる」と述べている。前川氏は一八年一〇月、共同通信のインタビューに対し、当時の文科相だった下村博文氏から、答弁の書き換えを指示されたことを明かしている。

教材として使用することを認める閣議決定が二〇一七年三月末になされた当初、文科省生涯学習政策局政策課は、歴史的事実として教えるケースなどを想定していた。だが、柴山昌彦文科相は一八年一〇月二日、就任後初の記者会見で、次のような発言をしている。

「教育勅語については、それが現代風に解釈をされたり、あるいはアレンジをした形でですね、今の例えば道徳等に使うことができる分野というのは、私は十分にあるという意味では普遍性を持っている部分が見て取れるのではないかというふうに思います」

アレンジさえすれば、道徳の授業にも使えるというのだ。

だが、これまで詳しく見てきたように、「特別の教科　道徳」の学習指導要領には、学習内容として「家族愛」などが既に盛り込まれている。教育勅語を授業の教材に採り入れて、一体何を教えようとしているのだろうか。

教育史学会理事会が二〇一七年五月八日に出した声明は、「教育勅語に記述された徳目が一体性を有して『天壌無窮ノ皇運ヲ扶翼スヘシ』に収斂することは、その文面を読めば明らかである」と述べている。また、当時の公式的な解釈書によると、「個々の徳目を切り離さずに皇運扶翼を眼目として解釈することが正しい解釈として示されている」という。「教育勅語が戦前日本の教育を天皇による国民（臣民）支配の主たる手段とされた事実」などから、憲法や教育基本法に違反しているという見解だ。

勅語にこだわっている政治家たちは、やはり、「一旦緩急アレハ」国のため、天皇のために国民が尽くすような社会を理想としているのだろうか。

教科書採択をめぐる攻防

二〇一七年夏、小学校で使う道徳の教科書を決める教育委員会での採択が、各自治体で行われた。

これまでの教科書採択をめぐっては、主に中学の歴史と公民が「主戦場」になっていた。それは出版社同士の争いというよりも、イデオロギー論争に近いものだった。一九九〇年代から、左右両派の有識者や市民グループの間で議論になったのは、「従軍慰安婦」や「南京大虐殺」の記述の仕方、「憲法改正」のとらえ方などだったからだ。

現在、中学の歴史と公民の教科書をめぐっては、「新しい歴史教科書をつくる会」（自由社）と、同会から分派した「日本教育再生機構」（育鵬社）の教科書を軸に、推進派と反対派の運動が激しくぶつかり合っている。日本会議が明成社から発行している高校の歴史教科書は、ほぼゼロパーセントに近い採択率で、ほとんど問題にされていないといっていいだろう。

では、道徳教科書の場合は、何が問題にされたのだろうか。

道徳の教科化が決まった当初、育鵬社が道徳教科書に参入するとみられていた。育鵬社は、明治時代の偉人などを多く取り上げた副読本も発行していたからだ。だが、結果的に、同社は道徳教科書をつくらなかった。育鵬社の歴史・公民のシェアは一〇％にも満たない。道徳に参入しても、採算が厳しいとみたのだろうか。

そこで注目されたのが、老舗の教科書会社である「教育出版」だった。先述したように教育出版の道徳教科書は、お辞儀やあいさつの仕方などを、ある特定の枠にはめて紹介するものだった。そのため、「子どもを型にはめる」と批判されていたうえ、人物写真としては安倍首相のものだけが掲載されていた。また西郷隆盛を肯定的に取り上げている点も、右派的な教科書に反対してきた市民団体から問題視された。というのも西郷は、征韓論を主張してもいたからで、その功績には議論があった。それだけでなく、日本会議が主催する道徳の勉強会に講師として招かれ、日本教育再生機構の理事を務める貝塚茂樹氏が編集委員だったという点でも、「育鵬社の別働隊ではないか」との疑念を呼んでいた。

そのため、小学校の道徳教科書をめぐって、教育出版の教科書に反対する勢力が、採択を阻止するための請願活動などを行った。それが採択にどれほど影響したかは不明だが、実際に教育出版の道徳教科書を採用したのは八・六％にとどまった。教科書検定でパン屋が和菓子屋になった東京書籍の教科書は二一・三％だった。

二〇一九年度からは、中学校でも道徳が正式な教科になる。二〇一八年夏には、中学教科書の採択があった。

そこで注目されたのが、「日本教科書」という新興の出版社だった。

日本教科書は、日本教育再生機構の理事長・八木秀次氏が設立した道徳専門の教科書会社で、道徳の分野では有名な金沢工業大学の白木みどり教授などを筆者に抱えていた。だが、教科書検定で内容が明らかになると、安倍首相の演説の掲載以外に、反対派が問題点を共有できるような象徴的な教材は少なく、「採択戦」が過熱することはなかった。日本教科書の道徳の教科書を採択したのは、栃木県大田原市、石川県加賀市、小松市の三地区だけだった。

だが、道徳教科書に限っていえば、問題とすべきは、どのような出版社が教科書を出しているのか、ということではないだろう。

「勤勉」や「倹約」を象徴する存在として、戦前の修身科で定番だった二宮金次郎が多くの教科書で復活している。「勤労、公共の精神」を養うとして、「ぼくの仕事は便所そうじ」という教材もある。和歌山県・樫野崎《かしのざき》沖で遭難したトルコ人たちに、貧しい村の住人が食べ物を与えたという美談のほか、「お母さんのせいきゅう書」「手品師」など、特定の価値観に誘導するような教材も少なくない。

それだけでなく、すべての教科書で、「考え、議論するための道徳」を実現するものとして、「これまで正直にふるまってよかったなと思った経験はありませんか」など、考えを一定の方向に導くような恣意的な設問が、各物語のタイトルの近くや末尾に用意されている。自己評価を子どもが書き入れる欄を設けて、「私もえがおで生活することを心がけて、他の人に元気をあげられる人になりたいです」などとコメント例を示しているものもある。

道徳の授業ではこのような教科書が使われ、あいさつの仕方や掃除の取り組み方など、子どもたちの日常生活の「成長」の様子も含めて、教員は道徳科の評価をし、その結果が文章で通知表に書かれることになるのだ。果たしてそうした評価に、どれほどの客観性があるのだろうか。限られた時間の中で、教員が子どもの人格を判断することができるとは思えない。また、専門家からは、道徳性が評価されることによって、子どもたち自身が「良い子」を演じる可能性もあると指摘されている。

もう一つ気になることがある。道徳の教科書は、算数や国語と違って持ち帰らせず、学校に置いておくよう指導している学校が多い。文科省は二〇一八年七月に、重いランドセル対策として、家庭学習に不要な教科書は持ち帰らなくてもいいように指導することを、各教育委員会に通知した。道徳の教科書を持ち帰らせない学校は、今後、さらに増えるだろう。

どの家庭も、子どもが学校でどんな道徳の授業を受けているのか把握することができなくなる。たとえば道徳の授業で、保守派が称揚するような「愛国心」や「家族愛」といった特定の価値観を取り上げて、子どもたちをそこへ誘導するような授業が行われたとしても、親はそのことになかなか気づけない。道徳の教科書は、週に一回しか使わない。もちろん、持ち運ぶ教科書をできるだけ減らしたいというのは理解できる。だが、子どもが自分の意見を書き込んだプリントなどは、せめて授業ごとに持ち帰るようにしてほしいと思う。

教科としての道徳は、まだ始まったばかりだ。第一章で紹介したように、子どもたちは一〇年前と比べて、ずいぶん従順になっている。「考え、議論する道徳」への変化に期待する声もある。こうしたなかで、子どもたちが道徳を学ぶことで、今後どんなふうに変わっていくのだろう。自分の頭で考えたり、この社会が抱える問題に立ち向かっていけるような批判的な精神を身につけることはできるのだろうか――。

記者の視点

「ファシズムの体験学習」に参加して

「ハイル、タノ！」、タッタッ。「ハイル、タノ！」、タッ、タッ……。約二五〇人の大学生と一緒に、ナチス式の敬礼をしながら、笛の音に合わせて床を踏みならすと、教室に大きな音が鳴り響いた。

二〇一八年六月上旬、神戸市の甲南大学で二回にわたって行われた「ファシズムの体験学習」に参加した。田野大輔教授（歴史社会学）の「社会意識論」の特別授業だ。文学部の一、二年生約二五〇人が受講している。

数年前、インターネット上で授業のことを知り、ずっと参加してみたいと思っていた。数カ月前に、田野教授に取材可能かどうかを問い合わせると、快諾してもらえた。

田野教授は二〇一〇年から、集団行動を通した社会学教育の一環として、年一回、この体験授業を行ってきた。学生に、集団心理が暴走することの怖さを実際に体験してもらい、

「免疫をつけてもらう」狙いだという。

初日は教室で、ファシズムの成り立ちを学ぶ。この体験学習について、倫理上の問題があること、「心理的な負担になる人は途中でやめてもいい」という説明もあった。

「独裁に欠かせないものは何ですか?」

田野教授の問いに、男子学生が「絶対的な権力者」と答えた。

「そう、強力な指導者です」と田野教授。「この授業で、僕が指導者になることに反対の人はいますか」と投げかけたが、誰も手を挙げない。「賛成の人は拍手してください」と言うと、拍手が起きた。拍手は、同調を呼びやすい。「民主的な方法で選ばれている」と見せかける仕掛けの一つなのだという。

次に、「共通のあいさつ」が導入された。右手を斜め四五度に伸ばして「ハイル、タノ!」と敬礼する。その後、教授の質問に答えるときは、必ず敬礼をしなければならなくなった。

五回練習した後、田野教授が、後ろの学生を指さした。「勝手にしゃべらないように!」。

突然の低く通る声に、ドキッとした。全体が静まりかえる。威嚇だろうか。その後、学生が意見を発表するたびに、田野教授は拍手を促した。独特の「空気」ができあがっていく。

「指導者の誕生だけでは、独裁は生まれません」

指導者が力を発揮する上で欠かせないのは何か。「指導者を支持する人々」の規律と団結だという。教授は、「人々が一致団結して同じ行動をとる『共同体の力』の発生が必要です」と解説した。

途中、誕生日の月ごとに座席が指定され、友人同士で座っている学生たちも、つながりを遮断された。知らない人と隣り合わせで座っていることが不安を呼び起こす。

こうしたなかで行われた一斉行進の練習は、「共同体の力」を体感するためのものだ。全員が一斉に行進すると規律が生まれ、「共同体の力」を感じることができる。

私も、学生と声をそろえて敬礼を繰り返し、足を動かすうちに体がポカポカしてくるのを感じた。当初予想していた「奇妙な感じ」は全くなかった。

二回目の授業は、「共同体の力」を発揮する本番だ。

授業が始まる前、教室の入り口付近では、学生たちがお互いにスマホで写真を撮り合っていた。

2-2

授業初日に「ハイル、タノ！」の敬礼を練習する学生たち（2018年6月，神戸市の甲南大学）

前回の授業で、白シャツとジーンズという「制服」が導入されたのだ。

独裁体制下でも、全員が行動する時の力は、一瞬で消えてしまう。「共同体の力」が継続していることを、外部に向けて示さなければならない。田野教授によると、そのためのツールは「集団の名前」「制服」と「シンボル」だった。「歌」も効果的なのだという。

東京から新幹線で大学に向かった私も、大学近くの駅のトイレで、この日の「制服」に着替えた。同じ服の学生たちに交じると、親子ほども年の差があるのに、仲間のような気分になるのが不思議だった。

教室では、再び行進の練習をした。隣の女子学生に「どうですか？」と気軽に話しかけることもできた。足を踏みならすと、明らかに音量が違う。「ハイル、タノ！」の声も、前回の授業のときより、何倍も大きくなっていた。

さらに、アロハシャツを着た男子学生が、教壇の前に引きずり出されるという演出もあった。集団を乱す者への見せしめだ。事前に仕込まれた学生だったというが、知らされていなかったら、本当に怖かったに違いない。

集団の名は「田野帝国」に決まった。シンボルマークは「田野総統」が提案した三つの中から、拍手で選ばれた。シンボルマークを書いたシールを左胸につけてグラウンドに出発。

この日は、全員が一緒に行動するための「共通の目的」がある。キャンパス内のカップル（リア充）を糾弾することだ。行進の後、田野教授が依頼した疑似カップル三組に対して、

「せーの」の合図で「リア充爆発しろ！」と叫ぶ。

外では、授業に関係ない学生たちが、面白い光景を撮ろうと、スマホを構えていた。だが、「田野帝国」の国民は、誰も気にする様子はない。

最初はカフェの前にいた二組へ。当初、集団の声は、少し小さかった。だが、女性がひざ枕をしている三組目のカップルの前では、「リア充爆発しろ！」の声が次第に大きくなり、カップルが退散する場面では、二人が逃げていく方向へ体を向けて大声で叫ぶ学生たちもいた。私も、学生たちと一緒に叫んだ。

終了後のインタビューでは、「制服を着ることで恥ずかしさがなくなった」という学生が多かった。私も、記者として普段の服装で参加して客観的に見ていたら、無心に叫ぶことはできなかっただろう。行進で声が大きくなったのは、制服による一体感も関係していたのだろうか。

カップル役の一人だった男子学生は、「一斉に手を挙げる時の圧がすごかった。本当のカップルなら別れてしまいそう」と語った。女子学生も、「本当に怖かった。団体で同じ格好で同じセリフ。集団の圧力を感じた」という。

二人へのインタビューで、「そうだよね。本当に怖かったよね」と共感しながら、私はすっかり忘れていた。自分も、その集団の中にいたことを。

なぜ、集団になると、大胆な行動ができるのか。

田野教授は、「最初は上からの命令でやっていることが、集団に同調することで無責任な行動をもたらし、自分の行動に対する責任感がまひする」と分析する。「ファシズムは、絶対服従の抑圧的なイメージだと思われているが、従っている人は、むしろ自由を感じている」というのだ。

以下は、授業のリポートに寄せられた学生たちの感想の一部だ。

・グラウンドに出る前は、おもしろ半分な雰囲気だったけれど、教室に戻る際には「やってやった」感がどこかで出ていたように感じる。
・自分が従うモードに入ったときに、怠っている人がいたら、「真面目にやれよ」という気持ちになっていた。
・最初は乗り気ではなかったが、ひざ枕のカップルの前では最前列に自分がいた。教室内で行動するより、外に出て他人から見られるほうがやる気が出た。
・制服もシンボルも身につけていないくせに集団にまぎれこんでいる人を見ると、憎しみすら感じさせられた。規律や団結を乱す人を排斥したくなる気持ちを実感。
・実際に同じようなことが日本でもあり得ると思うと、すごくリアルで恐怖を感じた。

日本でも、在日韓国人などへのヘイトスピーチが問題になっている。特定の人たちを排斥する「責任感のまひ」は、集団になれば、誰にでも起きることなのだろう。

一方で、私がこの体験の中で得たのは、「これは、学校の日常だ」という感覚だった。外国人の排斥といった特別の目的を持った集団行動ではなく、ありふれた学校の姿のように見えた。

おそろいの制服を着て、一体化した学級の中で起きる同調圧力や、いじめる側といじめられる側が入れ替わり、だれがいじめの中心にいるのかはっきりしない無責任ないじめ。先生という「独裁者」による理不尽な校則の強要……。この異常さに、私たちが気づくためにできることは何だろうか。それは、責任感を伴う意思を持った「個」になることだと思う。あるいは、誕生月などという「独裁者」が決めたルールを鵜呑みにせず、同じ思いを持った人たちとつながることではないだろうか。

第三章

家庭と地域への介入

学生が学ぶ「親学」

二〇一六年四月、富山県射水《いみず》市を訪れた。

北陸新幹線の新高岡駅から在来線で二駅。そこから一〇分ほど歩いたところに、学校法人「浦山学園」が経営する「富山情報ビジネス専門学校」がある。「情報ビジネス」とあるが、プログラマーやシステムエンジニアを養成するための学科だけでなく、保育士や福祉関係の仕事に就きたい人をサポートする「こども学科」など計一一学科（当時）が設置されている。学生は富山、石川、新潟の出身者で九割を占めるという。都会の学校に進学せずに資格を取ろうとしている地元の真面目な学生が多く集まっているのだろうか、東京の大学で取材をするときのように派手な服装の学生に出会うこともなかった。

この学校では「親学」の授業が必修科目になっている。「どの分野の学生たちも、将来は必ず親になる。親になるための学習が必要」との考えからだ。だから、ＩＴ分野や医療分野の学生たちも「親学」を履修しなければならない。

親学の授業は、すべての教員が担当する。「独身や子どものいない教員も含め、学科を超えて多くの大人から、親や家族について話を聞くことができる」からだという。

この日は、二〇一六年度に入って最初の授業。講師を務めたのは、浦山学園の理事長・浦山哲郎氏。親学推進協会の立ち上げに関わり、この協会の理事長でもある。

授業の冒頭、浦山理事長が呼びかける。

「親学とは何でしょうか。四分間、グループで話し合って下さい」

四、五人ずつのグループに分かれた学生たちが自由に話し合うワークショップ形式の授業は、親学のオリジナルテキスト『「親学」の教科書』にのっとって進められた。

「親になることを学ぶことで親になるのだと思います。今まで苦労をかけてきた親に感謝の気持ちを忘れないでいたい」（女子学生）

「親がこんなふうに育てれば、子どもはこんなふうに育つ。親になるための学びのことが、親学だと思います」（男子学生）

指名された学生が発表した後、浦山氏は、「キレる子ども増加」「児童虐待3万件」といった新聞記

3−1

年度初めの親学の授業では，親学推進協会の浦山哲郎理事長が自ら講師を務めた（2016年4月，富山県射水市）

事をスクリーンに映しだした。

「情動を制御できない子どもが増えている。特に保護者の役割が重要です」

「子どもの問題は親の問題につながっている」と示しながら、浦山氏は「愛着＝親心」を育てることが大切だと強調した。

「では、これは？」

当時話題になっていた「保育園落ちた、日本死ね!!!」のブログが読み上げられた。ブログには「どうすんだよ会社やめなくちゃならねーだろ。ふざけんな日本」などと記されている。

「先ほど、キレるという話をしました。キレるというのは、いったい誰のことでしょうか」。暗にブログ主のことを非難しているのだろうか。

再びグループ討論をした後、浦山氏は「親としては、言葉遣いに気をつけていくことがとても大事。自分の名前が分からないブログで言うということはどうなのか。ちゃんと氏名を名乗ってブログを書いている親もいる。そういう気持ちをもってほしい」と締めくくった。

「親学」とは何か

浦山氏は、二〇〇六年に発足した一般社団法人「親学推進協会」の理事長でもある。

子どもの問題は親の問題である——。親学の中心にある考え方だ。「親が変われば、子ども変わる」というスローガンを掲げていて、この考え方を「主体変容」と名付けている。子育てがつらいのは親に問題があるからで、社会のせいにしてはいけない、社会環境や政治を批判的にとらえるのではなく、自分の内面に問題のありかを見いだし、自分が変わることで解決を図る——という自己啓発の一種に見える。

そもそも、浦山氏が親学に取り組むきっかけは、なんだったのか。

一九八九年ごろ、浦山氏は、成績のふるわない学生の親を呼んで三者面談をした。すると、学生とその親の間で、「親子の対話がないことに気づいた」。そこで、全国約一〇〇校の専門学校に依頼してアンケート調査をしたところ、学生の目的意識の欠如、精神障害や心の病が浮かび上がり、どの学校も保護者トラブルへの対応に苦慮していることが分かったという。

一九九八年ごろには、後に「新しい歴史教科書をつくる会」の副会長にもなった高橋史朗・明星大学教授（当時）に出会い、家庭教育が重要だという認識で一致した。浦山氏によれば、「親学」と名付けたのは高橋氏だったという。

富山では二〇〇二年から「親学フォーラム」を開催している。二〇〇五年の第四回富山親学フォーラムには、高橋氏のほか、「日本を美しくする会」の鍵山秀三郎氏も参加している。

浦山氏と高橋氏は二〇〇五年から親学のテキスト作りに着手し、翌年、親学推進協会を設立。初代会長は木村治美・共立女子大名誉教授で、現在は高橋氏が会長を務める。協会では合計三万五〇〇〇万円の基礎講座と認定講座を受講した人を「親学アドバイザー」に認定するほか、自治体と連携してセミナーを開いたり、カリキュラムに親学を採り入れるよう短大や専門学校に働きかけたりして、親学の普及を目指している。同協会の事実上の事務局は富山に置かれている。

二〇一七年度の場合、親学のテキスト『「親学」の教科書』を協会から購入している専門学校は浦山学園を含めて六校、短大は一校だった。「親学アドバイザー」の資格を取得した人約三〇〇〇人のうち、地域で活動している人は約四〇〇人いる。ただ、浦山理事長は、「親学アドバイザーの一人ひとりの考え方に、協会は関与していない」と話す。

もう少し詳しく、親学の特徴を見てみよう。

「親が変われば子が変わる。子が変われば日本が変わる」という「主体変容」の意識改革と国民運動を展開してまいりたい——。二〇〇七年に刊行された『「親学」の教科書』（PHP親学研究会編）のあとがきに、高橋氏はこう記している。

高橋氏の著書『主体変容の教育改革！』では「主体変容」を「自己改善」と言い換えてもいる。

高橋氏は、朝日新聞の取材に対して、「主体変容とは、子育ての責任を教師や教育委員会などに転嫁せず、親の責任として受け止め、親が変わり、成長することという意味で、日本人が大事にしてきた『自分自身が自分の心に向き合うこと』でもある」と説明した。

親学では、「母性」と「父性」の役割を分けているのも特徴だ。

高橋氏は、著書『家庭教育の再生』の中で、「母性本能の遺伝子がスイッチ・オンになっていない大人が増えている」と指摘し、「保育所に子供を預けておいたほうが『得』という意識が浸透した」と嘆いている。

共感や恥といった道徳性をはぐくむ上で「脳の発達」も重要だという。「脳科学にもとづく発達段階に応じた子育て」といった表現が多用されている。

「日本人の伝統的子育て」を強調するのも特徴の一つだ。

『「日本を解体する」戦争プロパガンダの現在』で高橋氏は、「『美しい日本人の心』を支えてきたのが、親心と孝心（子が親を思う心）、すなわち『家族の絆』だった」として、「親学」の必要性を説く。それだけでなく、「今日の憲法改正運動は、単なる条文改正にとどまらず、（略）本来の『日本人の伝統的国民精神』を取り戻す国民精神復興運動でなければならない」と述べている。親学は、単に「子育ての心得」にとどまらず、国家主義的な家族観とも結びついているといえるだろう。

高橋氏は、憲法改正を推進する運動団体で、安倍首相とも深いつながりをもつ「日本会議」の政策委員も務めている。

親学は一時、日本会議の「二つの教育改革プラン」にも盛り込まれていた。

日本会議は二〇〇七年時点で、親学を「男女共同参画の対案」ととらえていたようだ。その理由について、事務総長の椛島《かばしま》有三氏は、この年の福岡総会で、「『親学』は、男らしさ、女らしさを強調するからだ」と述べている。

家庭の教育力が低下？

親がダメになったから、家庭の教育力が低下し、日本の伝統的子育ては破壊されてしまった——。こうした言説は、政府によっても繰り返し強調され、政策にも反映されてきた。

二〇〇〇年一二月、当時の森喜朗内閣の下、教育改革国民会議は最終報告書「教育を変える一七の提案」を内閣に提出した。

「子どもはひ弱で欲望を抑えられず、子どもを育てるべき大人自身が、しっかりと地に足をつけて人生を見ることなく、利己的な価値観や単純な正義感に陥り、時には虚構と現実を区別できなくなっている」などとし、「日本の教育は危機に瀕している」と指摘している。

「子どもの行動や意識の形成に最も大きな責任を負うのは親」との見解を示していることからも分かるように、親の責任を強調しているのも特徴の一つだ。家庭は「命を大切にすること、単純な善悪をわきまえること、我慢すること、挨拶ができること、団体行動に従えることなど、基礎的訓練を行う場である」としている。その上で、「教育の原点は家庭にあることを自覚することが必要」だとして、各家庭で「しつけ三原則」を作ること、PTAなどに積極的に参加することなどを提言している。

この最終報告書には、小中学校で二週間、高校で一カ月間、共同生活による奉仕活動を行うことが提言されているのも目を引く。

教育改革国民会議は、子育て世帯向けに家庭教育のアドバイスをする「家庭教育手帳」を配布することも求め、文部科学省のホームページには今でもその手帳が掲載されている。ほぼ同じ時期から日本会議は、教育基本法の改正運動にいっそう力を入れるようになり、第一次安倍政権下の二〇〇六年には、保守派の悲願だった教育基本法の改正が実現した。改正法には「家庭教育」の項目が新設され、以下のように明文化されている。

第十条　父母その他の保護者は、子の教育について第一義的責任を有するものであって、生活のために必要な習慣を身に付けさせるとともに、自立心を育成し、心身の調和のとれた発達を図るよう努めるものとする。

2　国及び地方公共団体は、家庭教育の自主性を尊重しつつ、保護者に対する学習の機会及び情報の提供その他の家庭教育を支援するために必要な施策を講ずるよう努めなければならない。

家庭教育を教育基本法に盛り込むことは、日本会議がその実現を目指してきたことの一つだった。そして、教育基本法の改正と時を同じくして、親学推進協会が設立されている。

二〇〇七年、安倍政権の教育政策を話し合う「教育再生会議」の分科会で、高橋氏が「親学」について説明した。同会議の責任者だった山谷えり子議員は、望ましい子育ての方法を啓発する「親学の提言」を出そうとしたが、与党内から「上から目線だ」などの批判が出て撤回した。

安倍晋三首相は二〇一二年四月、超党派の国会議員約六〇人で設立された「親学推進議員連盟」（親学議連）の会長に就任。歴代の総理も顧問に名を連ね、教育の責任は親にあることを明示して、親になるための学びと親としての学びを条文に入れた「家庭教育推進法」の成立を目指した。だが、同議連の事務局長だった下村博文・元文科相が、ある勉強会で高橋氏が発達障害と伝統的子育ての関係を語った模様をブログで紹介したところ批判が相次ぎ、議連は事実上の活動停止に追い込まれた。

こうした失策もあり、現在、国による親学の推進はストップしているが、改正教育基本法を根拠にして、「家庭教育支援条例」をつくる自治体が相次いでいる。

動き出した自治体――「家庭教育支援条例」の制定

「こんな考え方もある、と分かってもらえれば」

二〇一六年二月、熊本県大津町の護川《もりかわ》小学校で開かれた「親の学び講座」。翌年度の新一年生三五人の保護者が、グループごとに「子育てすごろく」をしたり、「早寝早起き、朝ご飯」の大切さを話し合ったりした。

途中、県の研修を受けた民間の女性トレーナーが、親たちにトリックアートを見せ、「見方を変えると見えてくるものがありますね」などと語りかけた。県教委の担当者は、「押しつけにならない工夫をしている」と説明する。

熊本県は二〇一四年四月、全国で初めて議員提案の「家庭教育支援条例」を施行した。この条例では「親としての学び」（保護者が、子どもの発達段階に応じて大切にしたい家庭教育の内容、子育ての知識その他の親として成長するために必要なことを学ぶこと）、「親になるための学び」（子どもが、家庭の役割、子育ての意義その他の将来親になることについて学ぶこと）を定め、年間三〇〇万円（一六年度）の予算をつけて、こうした講座六〇種類をＰＴＡなどで開いている。中高生を対象とした、「親になる心構え」を学ぶプログラムもある。講座の進め方などは、県職員が考えたものだ。トリックアートを見せるなど価値観を押しつけない工夫が感じられるが、県教委は「家族仲良く　食事・団らん　心と体に栄養を」などの「家庭教育10か条」を作ってもいる。

条例の策定検討委員会の委員長を務めた自民党の溝口幸治県議は、「子育ての危機的な状況を知り、親がもっと頑張ることを条例に位置づけたかった」と話す。

二〇一一年には同党の議員らで、県議会に「親学推進議員連盟」をつくり、高橋氏を招いた勉強会を開くなどして構想を温めた。

だが翌年、大阪維新の会に高橋氏が提案したとされる「大阪市家庭教育推進条例案」が明らかとなり、風向きが変わった。そこには「発達障害は伝統的子育てで予防できる」などと書かれ、「非科学的」だと批判を浴びたのだ。

熊本の条例づくりに対しても、自閉症協会や発達障害児の親の会から、懸念する声が寄せられた。溝口県議は、別の会派にも参加を呼びかけ、策定検討委員会をつくった。会には高橋氏のほか、汐見稔幸《としゆき》・白梅学園大学学長（当時）など、親学に慎重な立場の識者も招き、相談窓口を設けることや、「科学的知見に基づく家庭教育に関する情報の収集」をすることなどを条例に盛り込んだ。

「熊本ではもともと、発達障害の施策は別につくっていた。障害児の親御さんとも話し合い、条文をつくった。成立後の批判は一切ない」と溝口県議は言う。

熊本の条例はその後、他の自治体のモデルとなり、家庭教育支援条例は、鹿児島、徳島、石川県加賀市など、少なくとも八県六市で制定されている。

二〇一四年一二月に制定された岐阜県の条例では、家庭で教えることとして、「善悪の判断」「思いやり」など九項目を挙げており、「祖父母の役割」にも言及している。岐阜県がこの条例についてパブリックコメントを募ったとき、寄せられた意見は六件で、二人からのものだった。市民の関心は低調ななか、家庭での子育てのあり方まで自治体が定めることに対して、私たちは、どのように考えればいいのだろうか。

取材に対して高橋氏は、「いま自治体で広がっている家庭教育支援条例は、『親としての学習』を提案した一九八〇年代の臨時教育審議会の流れをくむもので、親学とは関係ない」と強調した。

確かに各地の条例に、親学の特徴である「主体変容」や「母性、父性」などの言葉が入っているわけではない。ただ、「家庭の教育力の低下にともなって、親を教育する必要がある」という考え方は共通して見て取れる。親学が薄まった形で全国に広がっているともいえるかもしれない。

「親への感謝」を演出

「親学」に関連して高橋氏が発案し、教員を通して広がっているものもある。「親守詩《おやもりうた》」だ。親守詩全国大会のホームページによると、高橋氏が二〇〇四年に愛媛県松山市で、「親への報恩感謝の思いを表現する試みがあってもよいのではないか」と提案したことが始まりとされる。

子「お母さん　いつものりょうり　おいしいね」
親「空いたお皿が　ママへの賞状」
子「お父さん　満員電車で　ぎゅうぎゅうだ」
親「家に帰れば　幸せぎゅうぎゅう」

二〇一七年九月の日曜日、「第六回親守詩埼玉大会」が浦和市で開かれた。壇上のスクリーンに「親守詩」の入賞作品が映し出され、子どもたちが賞状を受け取った。

「親守詩」は、「子が親を思って作る詩」だ。五、七、五の上の句を子どもが詠み、親が七、七の下の句で応える連歌形式は、埼玉県の教員らでつくるＮＰＯ法人「子どもの夢ＴＯＳＳ

埼玉」のアイデアだという。ＴＯＳＳは「Teacher's Organization of Skill Sharing」の略称だ。

親守詩埼玉大会は、ＴＯＳＳ埼玉が中心になって二〇一二年から毎年開催し、県内の小中学校に作品の応募を呼びかけている。一七年は三三九〇作品が集まった。全国大会も開かれていて、「マナーキッズプロジェクト」も運営団体の一つだ。

二〇一七年の埼玉大会には、上田清司知事のほか、現文部科学相の柴山昌彦議員や県議会議員も出席。上田知事は来賓あいさつで、「親守詩を通じて、子どもたちが少しでも自分の親のことを考えてみたり、お父さん、お母さんがどんなに頑張っているかを記録に残したりすることが大事だと思う」と語った。

二〇〇四年、上田知事の肝いりで県の教育委員に就任し、教育委員長まで務めたのが高橋氏だった。親学推進協会によると、協会が認定する「親学アドバイザー」の資格取得者は、埼玉県が最も多い。

ＴＯＳＳ埼玉の木村重夫代表（小学校教諭）は、大会の狙いについて、こう説明する。「一つは、親学をどうやって広めるか。親は最初の教師です。親になる若い人たちが何を学べばいいのかということ。もう一つは、家庭教育の支援。家庭教育を支援する条例など、大きな仕組みができればいいと思った」

約一五〇人の会員がいるＴＯＳＳ埼玉には、授業研究のためのサークルが一九ある。二〇一七年春に開いた教え方セミナーには、延べ約三〇〇〇人の教師が参加した。総務省と連携した「子ども観光大使」など社会活動にも力を入れている。

親守詩大会では、ＴＯＳＳ埼玉の教員による模擬授業も披露された。木村代表は「埼玉のすごいところを探す」授業を、長谷川博之副代表（中学校教諭）は谷川俊太郎の詩「ないないづくし」を題材とする授業を公開した。

まるには　ひとつもかどがない　えんしゅうりつは　きりがない……うらないちっともあたらない　かえるはなぜか　へそがない

「〇〇がない」の「〇〇」を空欄にして、子どもに考えさせる授業だ。

模擬授業は、長谷川氏が考えた「ないないない」を会場の参加者も加わって唱和して終了となった。

親子の絆は　途切れない
父の愛情　半端ない
親孝行は　終わらない

ＴＯＳＳの指導理念

「ＴＯＳＳ」には、全国組織がある。一体どんな団体なのだろうか。

二〇一七年八月初めに東京ビッグサイト（東京都江東区）で開かれたＴＯＳＳの教え方セミナーは、全国から訪れた先生たちの熱気であふれていた。

国語をテーマとする会場は、約四〇〇人の参加者で満員。後方の机には「教え方がうまい」と評判の先生の授業実践を収録したＤＶＤや本、オリジナル教材がびっしりと並ぶ。次回セミナーの参加予約を呼びかけるアナウンスも流れていた。次回の席順は、入金の順番で決まるのだという。

3-2

TOSSのセミナーでは人気教師の本や教材が販売され，活況だった（2017年8月，東京都江東区の東京ビッグサイト）

こうしたＴＯＳＳのセミナーは、毎週のようにどこかで開かれている。

ＴＯＳＳのＳＮＳに加入している会員は約二〇〇〇人で、教員サークルや、教職を志す学生のサークルは全国に七〇〇以上あり、約一万人が関わっていると推定されている。

一九四三年生まれの向山洋一代表が、前身の「教育技術の法則化運動」を結成したのは一九八三年のこと。取材に対して向山氏は、うまい授業が「名人芸」とされる状況に異議を唱え、「あえて抵抗感のある名前をつけた」と語った。教育技術は言語化して伝えられる、が信念だ。

結成当時は、「教育は技術じゃない」「授業は教師の自由だ」と批判が殺到したという。「教師の雇用問題ばかりが優先され、教師を教育する場がなかった時代。私も教育は技術じゃないと思うが、技術も大事ということ」と強調する。

向山氏は、「モンスターペアレント」の名づけ親でもある。この言葉は、学校に無理な要求をする親という意味だ。自身の考え方について、「家庭教育の重視など、教育に関する主張は自民党に近い」と語る。教育基本法の改正に際しては、家庭教育の充実にかかわる条文を盛り込むよう、自民党に求めたという。参加人数が多いサマーセミナーや合宿には、安倍晋三首相や下村博文・元文科相などから「応援メッセージ」が寄せられる。

二〇〇〇年には、教員がインターネットに上げている授業例を集めたリンク集を開設。その後、各教員から自由に投稿してもらう形式に変更し、「TOSSランド」というサイト名にした。担当の玉川大学教職大学院の谷和樹教授によると、開設一〇年で二万ページがリンクされ、約一億のアクセスがあったという。

ＥＭ菌という微生物（開発者は「抗酸化作用がある」と主張しているものの、その効果は未確認）を使って環境汚染を防ぐ授業例や、水に「ありがとう」などと話しかけると結晶ができるという「水からの伝言」という授業例などに対し、「非科学的だ」との指摘もあった。「批判は自由だ。不思議なものは全くないと断定することもできないというのが、向山先生の考え方。誤っていれば、修正していけばいい」と谷氏は言う。

夏の教え方セミナーを見学して私が気になったのは模擬授業だった。先生が「立って読みましょう」というと、参加者全員で立って朗読をしたり、「お隣さんと話してみましょう」という合図で相談を始めたり、空中に漢字を書いたりする。ＴＯＳＳの授業は、クラス全員で一斉に何かをするという形式のものが多く、一人ひとりの子どもの個性は重視されていない。四〇人学級というクラス人数に合わせているからなのだろうか。

谷氏に尋ねたところ、「はい。日本の一斉授業で、伝統的に先生方がやってきたことです。子どもが熱中するために、おおむね正しい手順はある。ただ、方法は一つではない」との答えが返ってきた。ＴＯＳＳが授業の仕方をチェックする授業技量検定は三九級から一〇段まであるが、チェック項目は、声の大きさなど最小限で、教え方は自由だという。

とはいえ、セミナーを見学した限りでは、繰り上がりの数を分かりやすくする「さくらんぼ計算」など特徴的な手法もあった。

教職員団体の幹部などによると、授業研究をする余裕のない若手の教員が、インターネットで検索して出てきたTOSSの指導方法に飛びつき、「EM菌」や「水からの伝言」のように全国に広まってしまうこともある。

子どもが成人の半分の年齢になったことを祝う「二分の一成人式」も、その一つだ。二〇一九年二月時点、TOSSランドで「二分の一成人式」を検索すると、二〇件近くを確認できた。TOSSと関係の深い明治図書の雑誌『教室ツーウェイ』（二〇一〇年一〇月号）には、「二分の一成人式を全国に広めるための組織をつくろう。」というタイトルで谷氏が寄稿している。

一〇歳を迎える小学四年生が、自分の名前の由来や生い立ちを親に聞いてまとめたり、親への感謝の気持ちを手紙に書いたりして、保護者の前で発表するものが多い。手紙を読む際に、幼い頃の写真のスライドを再生することもある。親は感動で涙するというのだが、発想としては親守詩に近いかもしれない。

二分の一成人式に対しては、「子どもは親を感動させるための道具ではない」「児童養護施設の子どもや、親に虐待を受けている子どもにも、手紙や幼いころの写真の提出を強要するのか」といった批判があるが、一部の保護者には好評なのだという。

こうして、学校や教員を通じて「親子愛」の醸成が図られていく。

「地域との連携」が入り口に

「親への教育」は、「親学」や「親守詩」といった形で進められているほか、「地域と学校の連携」によっても推進されている。

中小企業の若手経営者らでつくる公益社団法人「日本青年会議所」（日本JC）は、二〇一七年に「教育再生会議」を設置した。第一次安倍政権が設置した諮問機関と同じ名称だ。日本JCは一九五一年、全国各地に結成されていた青年会議所の総合調整機関として創設された。一年（一月～一二月）ごとに、各地のJCに所属する計三万六〇〇〇人ほどの会員から約二〇〇〇人の委員を選び、これら委員は日本JCに出向して、会頭所信に沿った運動を幅広く展開している。

二〇一七年の青木照護会頭は、所信として、「日本の国柄」や「経済再生」と並んで「教育再生」を掲げた。「教育再生グループ」が設けられ、教育再生、憲法輿論《よろん》確立の二会議、国史教育、道徳教育推進、政治参画教育、安全保障確立の四委員会が置かれた。

道徳教育推進委員会は、二〇一八年度から「道徳」が教科に格上げされるのを受けて、「家庭の教育力向上」を目標に掲げた。主な活動内容は、委員会が考案した「親道」の普及だ。

「親道」は、①うそをついてはいけない、②他人に親切にする、③ルールを守る、④勉強をする――の「四つのしつけ」が柱。「親が変われば子どもも変わる」「育児は育自」「親も成長する」などのキーワードは、高橋史朗氏が唱える「親学」と重なるが、「四つのしつけ」を実践すれば将来の年収が高くなるという「科学的根拠」に独自性があるという。

♪ぺろぺろ　ぺろぺろ　うそはダメだよ　うそはダメ～

JC東北地区福島ブロック協議会が二〇一七年一〇月末に開いた会合では、約二〇人の背広姿のメンバーが、親道の講義を受けた後、四つのしつけを採り入れた「親DO！リトミック」を踊った。親道のプログラムは、JCの会合だけでなく、幼稚園や子育て支援施設など全国九一カ所で実演され、約七〇〇〇人の親子が受講したという。

「アメリカが攻撃された！　そのとき日本は？」「原子力発電所で事故発生！」

日本JCの安全保障確立委員会は、子ども向けに、バトルができるカードを作製した。防衛など国の安全保障のほか、防災、エネルギー、水の安全などについて書かれた六種類のカードを早く集めると勝ちになる。相手のカードにアタックするときは、カードに書かれた文章を読み上げなければならない。「自衛隊カード」は、攻撃をはねのける力がある。

小学生の子どもがいる副委員長の齋藤麻里亜さんが考案し、防衛大学校の西原正名誉教授が監修した。地域の祭りやＰＴＡなどでバトルが行われ、教員団体のＴＯＳＳにもカードを貸し出すなどして、全国六五カ所で約九三〇〇人が参加したという。齋藤さんは「カードバトルは、子どもの理解が早く、実施後にカードに書かれた知識を確認する安保クイズの点数も上がった」と成果を語る。

3-3

「親ＤＯ！リトミック」踊るJCの会員たち（2017年10月，福島県郡山市）

国史教育委員会は、古事記や神話をもとにした歴史教育を、私立中学校を中心に数校で行った。このときに使った資料で、「国史教育」の副教材も作成した。

教育再生会議は、こうしたプログラムを学校などに仲介する役割を担うほか、ＪＣが地域住民として学校運営にかかわる「ＪＣ版コミュニティ・スクール」の推進役を担っている。教育再生会議の青田一宏議長は、「ＪＣが地域に積極的に関われば、プログラムを実施できる学校も増える」と期待を寄せる。

地域住民や保護者が学校の運営に参画する「コミュニティ・スクール」(学校運営協議会)は、文部科学省が二〇〇四年度に制度化し、徐々に広がっている。ただ、欧米のような民主的な学校運営を目指す制度というよりも、学校応援団的な役割を期待されているようだ。

補習の時間に保護者が丸付けを手伝ったり、地域住民が見守りボランティアをしたり、遠足のときに発達障害の子どもの支援に入ったりする。コミュニティ・スクールでは、学校と地域をつなぐ「地域コーディネーター」を置くことが多い。どのような授業を学校に採り入れるかは、コーディネーターの裁量に任されている。学校によっては、外部講師を招く際に面接を行っているようだが、学校運営協議会が講師の資質などをチェックすることはほとんどない。

第一章で紹介したマナーキッズプロジェクトも、地域のボランティアから持ち込まれた企画だった。文科省によると、地域との連携授業は「地域の実情に応じて実施する」こととされており、全国共通の基準はない。もちろん、国が授業の内容に介入することは、原則として避けなければならないことだ。

ただ、日本JCは、さいたま市の中学校で憲法についての授業を行ったことがある。さいたま市教育委員会の担当者は、取材に対して、「JCが憲法改正を推進している団体だとは知らなかった」と答えた。憲法や教育基本法を否定するような授業がなされる可能性がある場合、何らかの歯止めが必要ではないだろうか。

宗教性を帯びた授業？

民間の塾にも、日本JCの活動に通じる動きが生まれている。従来の学力向上とは異なる道徳的な教育手法を開発し、学校などを通じて普及させようとしているのだ。

「私の志は、みんなが元気に暮らせるように、お医者さんになって苦しんでいる人を助けることです」

二〇一八年七月、京都市の個別指導塾で、小中学生一一人が「志教育（志共育）」のワークショップに参加し、自分の志を発表していた。参加者は、同塾に通う子どもたちの中から募った。

志教育とは、一般社団法人「志教育プロジェクト」（出口光《ひかる》理事長）が提唱したもので、キャリア教育と似ているが、自分中心の「夢」ではなく、社会に役立つ「志」を立てさせる点に特徴がある。

この日は、同プロジェクトの教育再生実行連絡協議会が出版した漫画テキスト『夢を叶える方法』に沿って進められた。キャラクターデザインは、漫画家の松本零士氏が担当している。

テキストは、大本教の教えに由来するという「一霊四魂」という考え方を軸に、「勇・親・愛・智」の中から自分の性格に近いタイプを選び、自分の「志のタネ」を見つけるという内容だ。目標達成のために、いつ何をすればいいかを「登山図」に書き込み、最後に志を発表する。

「明るく楽しい朝食にするためにパン屋さんになり、たくさんの人を幸せにすること」と、自分の志を語った中学三年の男子生徒は、「昔からパンが好きだったけど、現実味がなかった。思っていたことを振り返ることで、実現の可能性が出てきた」と話す。

塾を経営する成基コミュニティグループは、これを「志共育」と名付け、全国約一〇〇の塾に売り込もうとしている。「志を立てた子どもたちは、成績も上がり、志望校への合格にもつながる」と、その効果を強調している。

同グループの佐々木喜一代表は、志教育プロジェクトの副理事長で、政府の教育再生実行会議の有識者メンバーでもある。下村博文・元文科相や松浦正人・山口県防府市長（当時）などが、このプロジェクトに賛同している。

塾だけでなく自治体も、志教育を採り入れ始めている。

埼玉県吉川市では二〇一七年度に教育委員会の職員三人が志教育の研修を受け、翌一八年度から市独自の「志ノート」を小中学生に配布した。小学校八校、中学校三校で学級活動や道徳、総合学習の時間などにこのノートを活用し、中学三年時点で「志を立てる」ことを目標にしている。

議会では「宗教ではないか」という反対意見も出たが、「一霊四魂」などの用語は使わず、「参考になる部分を採り入れている」（教育総務課）という。

佐々木代表によると、二〇一八年六月現在、吉川市の中原恵人《しげと》市長など全国で二一人の市長や町長が志教育プロジェクトに賛同している。今後、全国に広がるかもしれない。

二〇二〇年度から全面実施される学習指導要領は、「社会に開かれた教育課程」をうたっている。地域住民や民間企業が学校教育に関わること自体は否定されるべきではない。だが、保護者が知らないうちに、マナーキッズや憲法改正の授業、宗教性を帯びた授業など、賛否が分かれるような授業が学校で行われる可能性がある。

「家庭教育支援」法案

家庭と地域を動員した教育体制への地ならしは、着々と進められている。

二〇一二年に安倍首相が会長となって設立された親学議連が目標に掲げる「家庭教育支援法」案は自民党の部会で了承され、一八年一〇月現在、いつでも国会に提出できる状態になっている。

この法案は、世帯ごとの構成人数が減り、家族がともに過ごす時間が短くなるなど環境が変化し、家庭教育支援が「緊要な課題」になったと指摘。「基本理念」の中で、子どもに「生活のために必要な習慣を身に付けさせる」ことなどを掲げている。地域住民については、「国及び地方公共団体が実施する家庭教育支援に関する施策に協力するよう努める」と、その「役割」が規定されている。

素案の段階で「家庭への介入ではないか」との批判を受けて、「基本理念」にあった「子に国家及び社会の形成者として必要な資質が備わるようにする」という文言は削除された。だが、同時に「家庭教育の自主性を尊重」という文言も削られてしまった。法案では、国や自治体が家庭教育支援の基本方針を策定することになっているが、どの程度、家庭教育に「指図」をしてくるのか不明だ。

二〇〇六年の教育基本法の改正以降、家庭教育をめぐっては、文科省主導でさまざまな施策がすでに展開されている。

文科省が二〇〇八年度に始めたのが、「早寝早起き朝ご飯」を推進する「子どもの生活リズム向上プロジェクト」だ。それと軌を一にするように、このプロジェクトを国民運動にする母体として、「早寝早起き朝ご飯」全国協議会という民間団体が設立され、有馬朗人《あきと》元文科相が会長に就任した。副会長七人の中には、「日本を美しくする会」の鍵山秀三郎氏や、服部学園の服部幸應《ゆきお》氏も名を連ねている。

食育運動の中心人物でもある服部氏は、保守的な活動でも知られる。日本会議が主導する「美しい日本の憲法をつくる国民の会」に寄せたメッセージでは、「食卓の崩壊は日本国憲法にあり」と題して、「個人の尊重」など憲法が定める個人主義を批判した。

食育基本法は、不規則な食事などで国民の健全な食生活が失われているとして、家庭や地域、学校で食育を推進するための基本理念を定めたもので、二〇〇五年に成立、施行された。農林水産省が米食の促進に利用するなど、「食」の関係者が幅広くかかわっている。

全国に広がる「弁当の日」

「弁当の日」という運動がある。

香川県の公立小中学校の元校長である竹下和男氏が二〇〇一年、校長をしていた小学校で始めた。月一回、子ども自身が弁当を作って学校に持参するというものだ。現在は、共同通信社が応援プロジェクトを立ち上げ、食品会社など大手企業も協賛し、全国に広がっている。同プロジェクトのホームページによると、二〇一八年一二月現在、全国で約二〇〇〇校が取り組んでいるという。

子ども自身が台所に立つことは否定されるべきものではない。ただ、「食」はしばしば、

「母親の愛情」と結びつけられ、教育の中に特定の価値観を持ち込む危うさがある。

二〇一八年一二月、東京都練馬区が主催した食育推進講演会で、竹下氏が話したことを聴いて、その思いを強くした。

講演の冒頭で、竹下氏は、「『弁当の日』は少子化対策になる」と語った。

その事例として強調されたのは、自分のことを優先する「わがままな母親像」と、家族のための食事作りを楽しいと感じる「望ましい母親像」との対比だった。

講演で全国を回って聞いた声として紹介されたのは、すべて母親の声だった。

たとえば、こんな人たちだ。

「欲しくないのに子どもが二人も生まれた。一人売りたい。男の子と女の子、どっちが高く売れますか」と質問してきたという母親。

「自分の子どものおむつの取り換えがくさい、汚いと思ってしまう」という母親は、「お金は化粧品など自分のために使いたいと考えている。そう育てられている」と断言する。「この子さえいなければ、もっと遊べるのに」と言われたこともあるそうだ。

一方、「子どもの頃に弁当を作った母親は、二人、三人と子どもを産んでいる」と強調された。その理由は、「台所仕事をしながら、『子育ては楽しい』という感覚をもらったからだ」とされている。

そんな「子育てが楽しい母親」が、「化粧をしているお母さんたちを指して、『あの人たちね。家事を何もしていないんです。育児、何もしていないんです。全部おばあちゃんに育ててもらっている。私は一九歳で子どもを産んで、子育てが楽しいんです。スーパーに行っても、食材を見た瞬間に、家族に食べさせたい手料理が浮かんでくるんです』と言った」というエピソードも紹介された。

なぜ、「食事作りをせず、自分のことを優先する母親」が増えてしまったのか。

その原因として挙げられたのは、「戦後の民法」だった。

「母性本能について、新しい民法ができて、それ以前とまったく違う状況が出てきた。明治からの女性は、一通り家事ができないと嫁にやれない、と思っていた。明治の民法は、元気な子どもを産んで育てることができる人を嫁に取るという感覚だった。これが、第二次世界大戦が終わるまで続いた」

さらに、問題点の指摘が続く。

「人権上は問題があるかもしれないが、我が子をちゃんと育てるという意識があった。新しい民法になると、結婚は個人の世界に入ってきた」

「女性が勉強に専念するようになり、子どもを台所に立たせなくなった。この状況の中で、自分の子どもを育てるのがうっとうしいと言い始めた。おふくろの味が崩壊した」と持論を展開。そして、「家事労働は子育てとつながっている。女性を家事労働から解放したことが、次世代を育てる感覚を崩壊させた」と強調した。

講演の中では、二つのスライドショーが上映された。

一つは、がんで母親を亡くした福岡の女の子が、父親のために、鰹節を削って取っただしで味噌汁を作っているという「はなちゃんのみそ汁」のストーリー。生前の母親の歌声が流れるなか、写真が次々に映し出され、会場の涙を誘う。スクリーンに映された文字には、「そして、お父さんのために食事の準備をすることは楽しいという」という言葉も。

上映終了後、「保育園は、子育てを委託しているとこでしょ。人としての感覚を奪っている。だから弁当の日を始めた」という説明があった。

もう一つのスライドショーのタイトルは、「母さん、生き返って……」だ。亡くなった母親に向けて、男の子が書いた「母さん、一度だけ生き返ってくれ！　オレの弁当を作るために」という作文をテーマにしていた。

驚いたのは、このスライドショーの後半だ。

「助産師が言っていた」として、唐突にセックスの話が挿入されたのだ。

親子の会話が少ない子は初めてセックスをする年齢が低い

出会ってすぐセックスをする
人工妊娠中絶を繰り返す
「弁当の日」を採り入れた学校では、親子の会話が増えたという

確かに、一般社団法人「家族計画協会」の「男女の生活と意識に関する調査」は、親子の会話が多いほうが初交年齢が遅くなる傾向があるとの結果を報告している。だが、「弁当の日」と結びつけられることには、違和感がある。

「弁当の日」には、男子生徒も参加している。竹下氏は「家事労働は、男女を問わず、子どもにやらせたほうがいい。それをしないと、男女平等の社会はつくれない」とも述べた。同感だ。ではなぜ、「戦後の民法で家事労働から解放された」という女性を責めるのだろうか。なぜ、「産む」ことにこだわるのだろうか。

「弁当の日」は一九八五年、中曽根康弘内閣が設置した臨時教育審議会でも提案されたことがある。後に親学推進協会の初代会長を務めることになる木村治美氏が部会長を務めた「家庭・学校・地域の連携に関する分科会」でのことだ。高橋史朗氏は、この分科会の専門委員だった。

同年一二月三日の朝日新聞を見ると、二日間にわたるこの分科会での集中審議で、どんな議論がなされたのかが分かる。

分科会の委員は「家庭の機能低下が教育荒廃の根底にある」との認識で一致。「すべて給食、というのではなく、弁当の日を設けてはどうか」「弁当を持っていく自由を認めるべきだ」などの意見があったという。「学校教育の各段階で、新しい科目をつくり、しつけなど親になるために必要な学習を行う」ことも提案されている。

総会では、委員の間から「栄養のバランス問題があり、現状を変えるのはどうか」「給食を頼りにしている児童・生徒もいる」などの慎重論も出たが、一九八六年四月の第二次答申では、「手作り弁当の日を設けること、学校給食に代えて手作り弁当を持参すること」などについて検討することが盛り込まれた。この答申には、「親となるための学習を充実する。この観点から家庭科等を見直す」とも述べられ、親学との関連も垣間見える。

その後、政府が「弁当の日」を推進したという記事は見当たらなかった。

ただ、一人の校長が始めた「弁当の日」は広まっている。親ではなく、子どもが作るという違いはあるが、現状認識と目的は似ていないだろうか。

給食か？　弁当か？

学校での昼食は、給食の提供を基本とするか、弁当の持参を基本とするか――。

この論争は、今も続いている。

二〇一八年一二月一二日、東京都町田市議会の文教社会常任委員会。

この日、「小学校給食と同じような中学校給食の実施を求める請願」が審議された。

町田市の公立中学校の給食は、注文式の有料のランチボックスと、弁当持参との選択制になっている。汁物もつかない、冷めたランチボックスには人気がなく、喫食率は低迷。親たちからは、全員に提供される給食を望む声が上がり、請願には約二万三〇〇〇人の署名が付けられていた。

委員会での審議は、市内に住む母親二人の請願者が趣旨を説明し、議員が質問するという流れだった。

町田市外から二〇一一年に引っ越してきたという三人の子どもの母親は、全員給食がある自治体で育ち、転入後に、給食がないことをある保護者から聞いて驚いたという。自身は母子家庭で育ち、母親は早朝に家を出ていたため、給食のおかげで進学できたことなどを話して、「給食があったから進学できた」と、全員給食の実現を訴えた。

もう一人の母親は町田市出身だが、共働きで都心まで通っていて、「栄養のある弁当を毎日作るのは難しい」と語った。

議員からは、二人に対して厳しい言葉が投げかけられた。

自民党の女性議員は、「私は、あえて、お弁当を作りたい。お弁当を作りたいという人もいる。給食が選べるのはいいことではないか」と指摘。「選択したい人の気持ちを、真っ向から否定している」と反論した。

「保守の会」の大西宣也《のぶや》議員は、もっと辛らつだった。

「そりゃ、お弁当を作るのは大変ですよ。でも、親だから、子どもに食わせるのは当たり前でしょ。違いますか？」

「学校給食で栄養を補うなんて、そんな手抜きをしているんですか。基本は、親がきちっと食べさせること。専業主婦のお母さんもたくさんいるわけですから。そういう人たちまで学校給食がいいって、どうしてそういう話になってくるの」

請願者は、市内のひとり親世帯が二〇〇〇世帯にのぼることなどを示したが、学童保育や学校付近での署名の集め方を問題にする議員もいたりして、まるで「いじめ」のようだった。

請願は、反対多数で否決された。

文部科学省の調査によると、全国の中学校の約八割で給食が実施されている。

子どもの貧困が問題になるなか、給食が唯一の食事という子も少なくない。私も、二〇一六年に女子少年院を取材したとき、そんな少女たちに出会っている。弁当を用意できない家庭が実際にあるなかで、「それは手抜きだ」と糾弾しても、意味がない。愛情がこもっているかどうかに関係なく、「食べること」が必要な子どもたちがいるのだ。夕食さえ食べられない子どもたちが、ランチボックスを注文するお金をもらえるのだろうか。

それだけではない。弁当の内容にも、家庭環境の差は反映される。

だが、町田市以外にも、横浜市や奈良市など、中学校での全員給食が実現していない自治体は、まだ残っている。こうした自治体では、予算不足を愛情不足と言い換えているだけなのかもしれない。だが、「手抜き」を許さない空気や、どれほど忙しくても「手作り」をしなければならないというプレッシャーは、仕事と子育てで余裕のない母親たちを追い詰める。

「家庭教育支援チーム」の活動

「子どもの生活リズム向上プロジェクト」と同じ年に始まり、現在、文科省が力を入れているのが、地域住民による「家庭教育支援チーム」の結成だ。主に女性のPTA経験者や退職校長らが「家庭教育支援員」として、保護者の相談にのったり、不登校の子がいる家庭を訪問したりする。二〇一八年一〇月現在、全国に二〇二のチームがあり、文科省は毎年、優良と認定したチームを表彰している。一七年度に表彰されたチームの一つが、鹿児島県いちき串木野市の家庭教育支援チームだ。

「学校には、元気で行ってらっしゃいますか」

「今のところ、楽しく行っているみたいです」

二〇一八年五月下旬、市が委嘱している家庭教育支援員が児童の自宅を訪問する事業に同行した。同市は一五年度から、新一年生のうち長子にあたる約一〇〇人の世帯を年三回、訪問している。

この日は、支援員五人が二班に分かれ、一五世帯を回った。

まず市庁舎で、児童の自宅の住所を地図で探す。午後一時過ぎ、寺師真由美さんと引坂真奈美さんの三人で車に乗り込み、地図を見ながら、対象児童の家を探した。

一軒目は団地の三階だった。玄関のチャイムを鳴らすが、留守のようだ。平日に会えないのは、珍しくない。相談室の電話番号が書かれたカードをポストに入れた。

二軒目は戸建てだった。赤ちゃんを抱いた母親が、玄関に出てきた。二人は「赤ちゃんを抱えて大変ですね」と声をかけ、先ほどと同じカードを渡した。

三軒目で出てきたのは、中学生の男の子だった。「具合が悪くて休んでいるの？」と尋ねると、男の子は「不登校です」と答えた。思いがけない答えだったが、「お母さんに『何か困っていることがあったら電話して』と言ってね。お兄ちゃんもがんばってるね」と、責めることなくカードを渡して立ち去った。

車に戻った後、寺師さんは「あの対応で良かったのか自問自答しています」。難しい場面だ。詰問してしまう人もいるかもしれないと、その時私は思った。

3−4

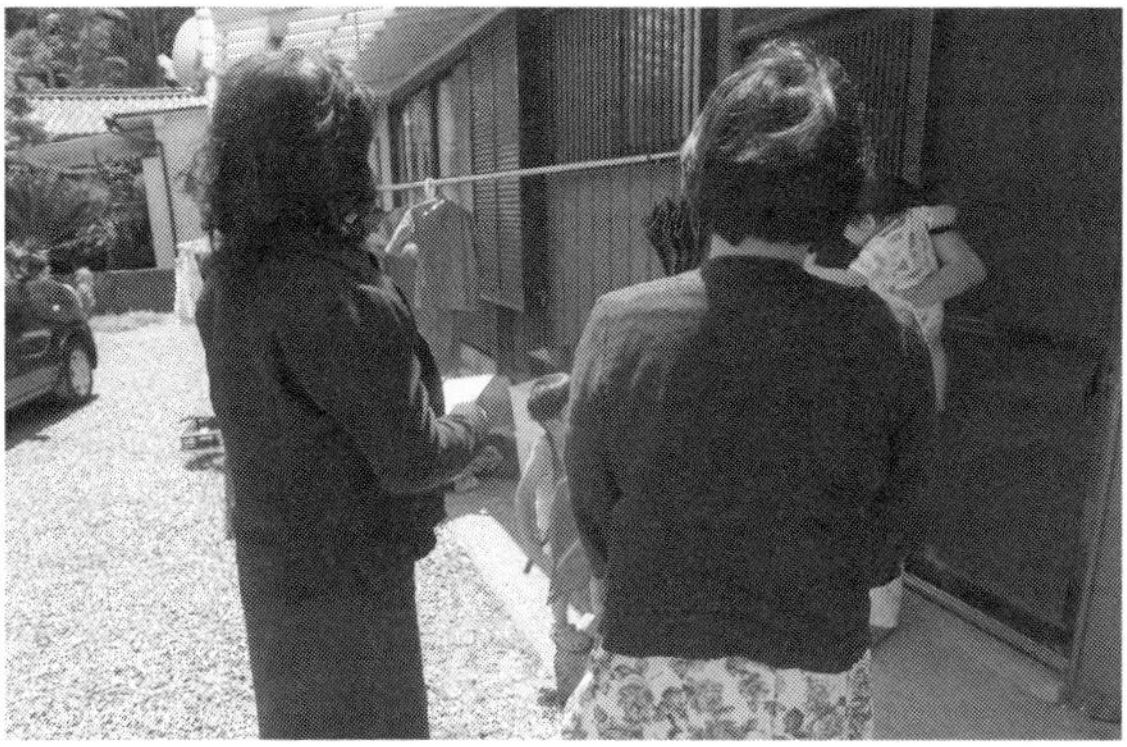

小学生の保護者の家を訪問する家庭教育支援員ら（2018年5月，鹿児島県いちき串木野市）

四軒目では、双子の子育てと義母の介護をしている母親と話をすることができた。「よくがんばられましたね」とねぎらい、「学校に歩いて行っていますか」と尋ねた。親が車で送迎している場合は、体をきたえるために徒歩で通学するよう促すこともある。

家庭教育支援チームの「家庭訪問の心得」には、徒歩での登校のほか、「あいさつを交わしましょう」「早寝早起きなど基本的な生活習慣を心がけましょう」「ありがとう大好きと抱きしめて伝えましょう」など六項目の「伝えたいこと」が、「上から目線にならないよう気をつけましょう」という注意事項とともに記されている。

五軒目は表札がなくたどり着けず、六軒目は留守だった。もう一つの班は八世帯を訪問し、保護者に会えたのは五軒だったという。

市は入学説明会の時に、全戸訪問することを伝えている。支援員が家庭訪問をすることは保護者の間で既に広く知られていて、反対はないという。二年生でも年一回、一年生の時に会えなかった世帯を中心に回っている。最後まで会えなかった家庭でも、アンケートを配布し、回収できれば訪問率の中に含め、一七年度の訪問率は八割を超えた。

訪問した家庭からの情報で、経済的に困っている別の家庭のことを知り、その日のうちに市の福祉関係の部署につないだこともあるという。これで救われた家庭もあったということだ。

「親の学び」支援や、祖父母の役割なども盛り込んだ家庭教育支援条例を制定し、二〇一六年から施行している徳島県では、「親なびげーたー」を養成し、児童館などに派遣。参加型のワークショップ「親なびプログラム」を開いている。鳴門教育大の木村直子准教授（児童福祉）らが協力し、一七のプログラムを作った。

「正しいあり方を教えるのではなく、他の親と話をすることで考え方の幅が広がり、一人ひとりの気づきにつながることを目指した」と木村准教授。「家庭教育とは、家庭生活そのもののこと。自分の家族のあり方を尊重してもらえる場があることが大事だ」と話す。

見学した児童館でのワークショップでは、子育てを振り返って母親たちが涙ぐんだりしていた。何かを教え込むというより、一九九〇年代に流行した自主的な育児サークルのような「仲間作りの場」を自治体が提供しているように見えた。

秋田県男鹿市は二〇〇八年度に家庭教育支援チームを結成し、いちき串木野市のような家庭訪問を計画していたが、保護者アンケートの結果、「ニーズがない」と判断。代わりに、保護者の悩みを聞くサロン活動をしている。代表の秋山協子さんは、「しゅうとめが家にいて、話しづらいお母さんもいる」と話す。

行政任せで大丈夫?

文部科学省は二〇一八年度、家庭教育支援員の養成や支援チームの組織化など、家庭教育支援の関連事業に約一億二〇〇〇万円の予算を計上している。「訪問型家庭教育支援」は、従来の家庭教育支援が届きにくい保護者のほか、不登校や貧困などの課題を抱える家庭を対象に、福祉関係機関と連携して支援を行うものだ。

現場を取材した限りでは、文科省が進める「家庭教育支援」は、「親学」とは一線を画し、家庭への価値観の押しつけにならないような配慮がみられる。児童虐待などを発見し、福祉の部署につなげるのであれば、意義のある施策だろう。だが、それでも、熊本県教委の「家庭教育10か条」や、いちき串木野市の「家庭訪問の心得」など、家庭の教育方針に介入することになるのではないかと気になる部分もあった。

家庭教育の歴史に詳しい聖徳大学の奥村典子准教授は、「親が話す場があったり、課題を抱える家庭に個別に介入したりすることは悪いことではない」としたうえで、「戦時中の家庭教育の奨励も、最初は自由だったが、次第に戦争を支える組織として利用されていった」と指摘。「こうした歴史を知り、行政任せにせずに注視していくことが歯止めにつながる」と話す。

今後、家庭教育支援法が成立すれば、全国すべての自治体で「家庭教育支援」がシステム化され、施策も多様化する。そうなれば、恐る恐る走り出している施策も大胆になり、国が家庭教育の方法を具体的に指南する日が訪れるかもしれない。

農林水産省のホームページには「かぞくだんらん♪　みんなでごはん♪」というページがある。そこには、家路につく人たちの動画に、こんなテロップがつけられている。

今日のおかず、なんだろう
今日のごはん、何にしよう
たまには、早く帰ろう

かつて家族の団らんの中心は食卓にありました

そこには、個人の努力で早めに帰宅するよう呼びかける言葉はあるが、長時間労働をなくすなど、国や行政が環境整備をしなければならないという視点はない。

今後、「支援」の名の下に、「あるべき家庭教育の姿」を押しつけられはしないだろうか。子育てに困難を抱える保護者を責めたりすることにつながらないだろうか。

市民の側が、国と家庭との線引きをしっかりチェックする必要がある。

第四章

教科書を統制する

歴史教科書のアンケート

「ここで、教科書センターに寄せられたアンケートの集約結果について、事務局より説明をお願いします」

二〇一五年八月五日、大阪市の教育委員会会議。歴史教科書の採択は、大森不二雄委員長の異例の発言で始まった。一六年度から市内の公立中学校で使う社会科の教科書が決められようとしていた。地理はすでに決まった後で、なぜか歴史教科書だけが、事務局による市民アンケートの報告を促された。

加藤博之指導部長は、文部科学省から「採択に、より広い視野からの意見を反映させるために保護者等の意見をふまえた調査研究の充実に努めること」と通知が出ていることを紹介。各区の区役所や市立図書館などに教科書センターを設置し、約四週間にわたって市民を対象とするアンケートを実施したことを報告した。

アンケートの総数は二六〇四件、自由記述があったのが一九〇一件、そのうち社会科の教科書に関する意見が一四二八件……。加藤部長は、「育鵬社の教科書に対する意見が最も多い」としたうえで、「採択について肯定的と考えられます意見が約七割、採択について否定的と考えられます意見が約三割ございました」と述べた。他社の教科書に寄せられた意見については触れなかった。

その後、複数の教育委員が育鵬社を推す意見を述べ、歴史と公民は、育鵬社に決定した。この教科書の編集には、「新しい歴史教科書をつくる会」から分派した「日本教育再生機構」が関わっていて、中学の教科書採択の年は毎回、推進派と反対派の間で激しい「採択戦」が繰り広げられている。

この採択決定から一カ月もしないうちに、意外な事実が判明した。一企業の従業員の多くが組織的にアンケートに関わっていたのだ。

同じ年の八月末、不動産大手のフジ住宅（大阪府岸和田市）で働く在日韓国人の女性が、育鵬社の教科書採択を推進する運動に協力を求められたり、ヘイトスピーチが載った社内文書が配られたりして苦痛を受けたとして、同社に損害賠償を求める訴訟を起こした。

訴状などによると、同社の今井光郎会長は、アンケートの記入のほか、首長宛に手紙を書いて投函するように呼びかける文書を全従業員（一一三〇人）に配布。一五年の採択の場合、特に大阪市ではアンケートが重視されるとして、五月末から四七回文書を配布している。アンケートの記入例は、日本教育再生機構がフジ住宅に送付。一部の社員が、教科書の展示会場からアンケート用紙を五〇枚、七〇枚と大量に持ち帰って記入していたことも、裁判の過程で判明した。

市が後に設けた第三者委員会の調査によると、「大阪市はアンケート重視」という情報をフジ住宅に伝えていたのは、育鵬社の社員だった。同社の教科書を採択することは七月一四日の会議で決まっていたが、混乱を恐れた市教委が、「アンケート結果でも支持が得られている」と公開の場で示そうとしたという。ただ、第三者委員会の報告は、「採択への影響はなかった」としている。

大胆で大がかりな「採択運動」

育鵬社の教科書に反対する「子どもたちに渡すな！　あぶない教科書　大阪の会」が入手した社内文書を見ると、フジ住宅の「採択運動」のすさまじさが分かる。

「6月19日（金）から2週間　教科書展示会アンケートの件」と題された二〇一五年五月三〇日の文書には、一三年と一四年に、岸和田市で延べ二五七人、泉佐野市で二〇二人、貝塚市で二〇〇人ほどの社員が教科書展示会の会場に足を運んだという実績の紹介のほか、「アンケート記入に行かれる方は、昨年同様、ボールペンで記入し、フジ住宅の社章と拉致被害者を救う会のバッジは外して行ってくださいネ」といったノウハウなども記されている。

歴史と公民それぞれについて、育鵬社の教科書を推すときの文章例も、二五項目にわたって示されていた。そのうち三項目は、シェアがトップの東京書籍を「地域社会や家族について平板な記述しかない。郷土や郷土愛という言葉も見えない」などと名指しで批判。帝国書院についても「憲法は一部しか改正できないと書いてある」のは「大いに疑問」と書くよう例示されていた。

しかも、この文書には、「（資料は）勤務時間中に見ていただいて勿論ＯＫですので」と書かれていたほか、今井会長が自ら読み上げた「教科書展示会アンケートＣＤ」（約三九分）も付けられていた。各部署でこれが人数分コピーされて、全社員の手に渡ったのである。

ただ、この時点で今井会長が強調していた「効果的な方法」は、アンケートよりも、首長や教育長と親しい人がいれば、直接話したり、手紙を書いたりすることだった。

ところが、六月四日の「〈第3回〉教科書展示会アンケートの件」という文書で、それが一転する。「教科書採択について、非常にお詳しく且つ価値観の高い信頼出来る私の友人より、現在『大阪市』については、大阪市内の教科書展示会にて数多く教科書アンケートを記入していただければ、育鵬社に採択される可能性が高くなるという貴重な情報をいただきました」と、アンケート記入に力を入れるよう呼びかけたのだ。「価値観の高い信頼出来る私の友人」とは育鵬社の社員のことだ。

育鵬社は、大阪市がアンケート結果を重視して採択する方針であることを、遅くとも二カ月前には知っていたことになる。

この文書にも、「勤務時間中でも、（アンケートの記入は：引用者注）勿論可です。パートの方は、その間の時間給等は、日本の為に喜んで会社で出させていただきますので……」と記されていた。今井会長は「強制ではありません」としながらも、正社員、パートを問わず、アンケート会場に足を運ぶよう何度も呼びかけていた。

「子どもたちに渡すな！　あぶない教科書　大阪の会」は、市への情報公開請求でアンケート原本の写し一一五三枚を入手。フジ住宅で配布された文書と照合した結果、アンケートの呼びかけに応じた社員は四六人だったが、アンケートの回答数は延べ二一七回、意見を書いた紙は六〇〇枚を超えていた。育鵬社を支持すると回答した七七九件の大半が、同社の従業員によるものだったことになる。一人で二〇枚以上を投票したケースがいくつも見つかったという。

これらのアンケートでは、育鵬社の教科書について、次のような意見が書かれていた。

「日本人としての自信や誇りが学べる良い教科書だと思いました」

「育鵬社の他の教科書は、中国、韓国の一方的な主張が反映されているものが多く、公平公正ではありません」

「（育鵬社の公民は）字が大きい、サイズも中のイラストや写真も一番みやすく、学びやすい教科書だと思いました」

4-1

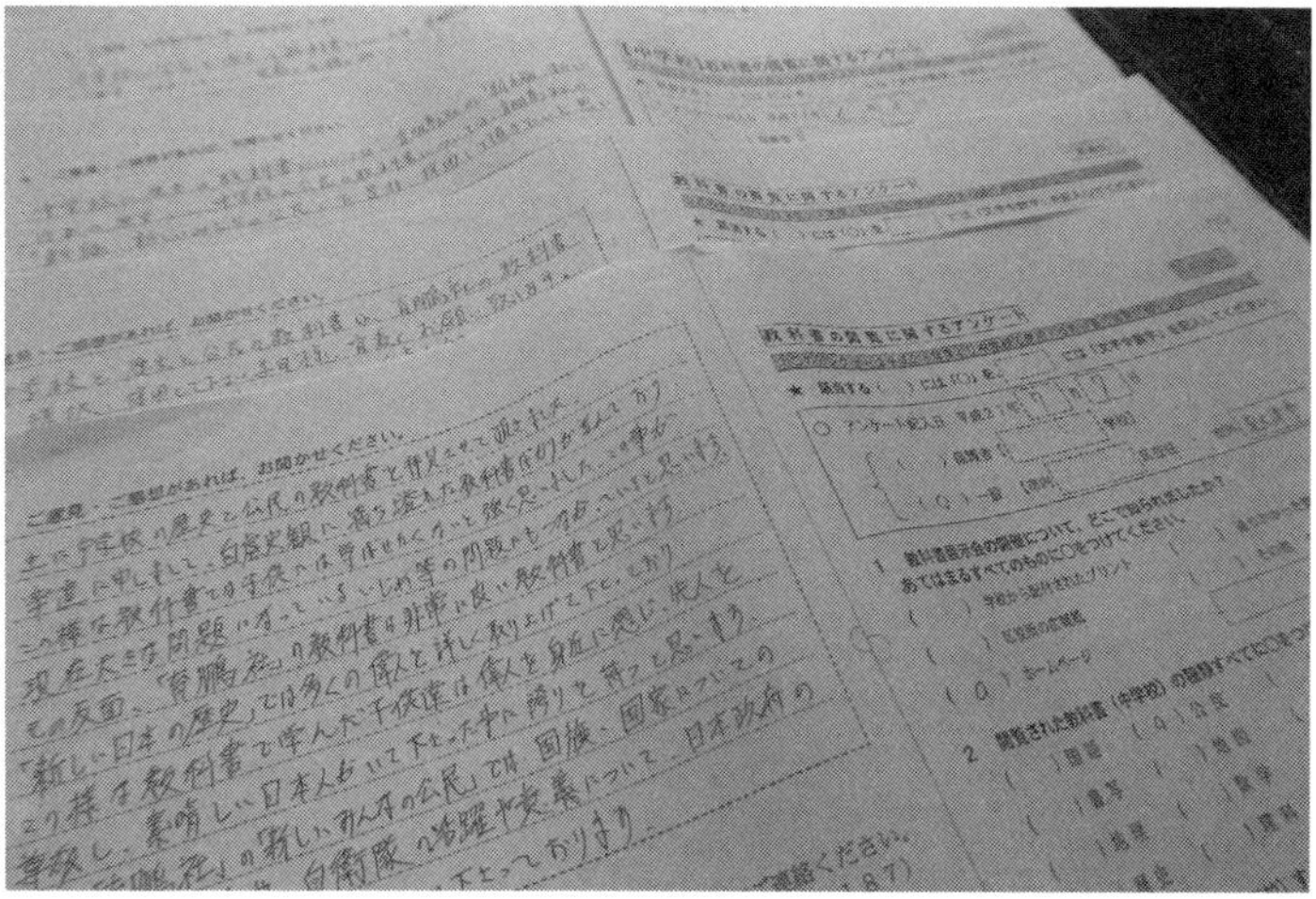

大阪市の中学社会科の教科書採択で,「育鵬社」を推す同じ筆跡のアンケート用紙が多数みつかった.

「育鵬社の他の出版社のものは（略）、史実にもとず《（ママ）》かない、中国や韓国の一方的な主張を色濃く反映し、公平公正でないと感じます」

私も実際にアンケートを見せてもらったが、同じ日に同じ地域の人が複数枚意見を投じていて、誤字も含めて非常に似通った文面のものを多く発見できた。

フジ住宅社員が書いたと見られるアンケートには、「高校の日本史については、明成社の教科書を採用してください」とも書かれていて、同社の「指令」にしたがっているのは明らかだ。五月三〇日の文書では、育鵬社と並んで、高校日本史では明成社（日本会議系）が良いと書くように指示されていた。

今井会長は二〇一五年五月、日本会議が主導する「美しい日本の憲法をつくる大阪府民の会」の代表委員に就任している。今井会長の代理人弁護士は、取材に対して、「自虐史観の教科書は問題だという、会長の素朴な思いからだった。アンケート記入への協力は、強制ではなかった」と答えている。「素朴な思い」にしては、大胆すぎないか。在日韓国人の女性従業員が訴えた裁判の判決が注目される。

馳浩・元文科相は二〇一六年三月八日の記者会見で、「採択への疑念を生じさせかねない軽率な行為であったと言わざるを得ない。育鵬社に対しては猛省を促したい」と語った。だが、育鵬社への処分などはなく、採択が撤回されることもなかった(一五年に大阪市が育鵬社を採択した経緯については、「子どもたちに渡すな! あぶない教科書 大阪の会」の上杉聰氏の著書『日本会議とは何か』に詳しい)。

太平洋戦争は「自存自衛」の戦争?

二〇一五年夏の採択では、大阪市のほか、横浜市、名古屋市などが育鵬社の教科書を選び、同社のシェアは歴史が六・三%、公民が五・七%で、それぞれ二・四ポイント、一・五ポイント、前回よりも増えた(文部科学省調べ)。目標の一〇%には届かなかったが、関係者の間では「善戦」と受け止められた。

そもそも、育鵬社の教科書には、どのような特徴があるのだろうか。

中学社会『新しい日本の歴史』を開いてみると、「日本人の宗教観」「神話に見るわが国誕生の物語」「外国人が見た日本」など、日本の独自性や国民性をテーマにした読み物を積極的に取り上げているのが目立つ。「国民とともに歩んだ昭和天皇」にも一ページが割かれている。

教育勅語については、現代語訳の「一部要約」が掲載され、「その後の国民道徳の基盤となりました」と評価している。先に述べたように、教育勅語は戦後、衆議院で「排除に関する決議」が、参議院で「失効確認に関する決議」が、それぞれ議決されている。これについて育鵬社の教科書が触れていないのも特徴的だ。

「ロシア革命と第一次世界大戦の終結」では、共産主義の拡大についても詳しく書かれている。右派勢力が今でもよく話題にする「コミンテルン」については、「一九一九年、世界に共産主義を広げるため、コミンテルンとよばれる革命指導組織がつくられました。各国の共産党はコミンテルンの支部として結成され、それぞれの国を共産化するための活動を始めました」と書かれている。

太平洋戦争については、当時それは「自存自衛」の戦争と位置づけられ、日本は「大東亜戦争」と名づけたことを記述。「（戦争初期の日本軍の勝利に）東南アジアやインドの人々は独立への希望を強くいだきました」として、タイ、インド、ビルマ（現ミャンマー）、インドネシア各国は日本軍に対して協力態勢を取っていたことが述べられている。

一方、「戦争の末期には、朝鮮や台湾にも徴兵や徴用が適用され、人々に苦しみを強いることになりました。日本の鉱山などに徴用され、きびしい労働を強いられる朝鮮人や中国人もいました」という記述もある。二〇一一年検定の教科書と比べると、一五年検定の教科書では、沖縄戦のところで集団自決に言及するなど、より事実に即した記述への変更も見られる。

「国家としての一体感」

育鵬社の公民教科書『新しい　みんなの公民』は、「なぜ『公民』を学ぶのか？」という意義づけから始まる。そこには「地理・歴史・公民の概念図」が掲げられ、「私」を中心に「家族」「地域社会」「国家」「国際社会」という順に共同体が広がっていることが分かるように描かれている。公民とは、「自分を国や社会など公の一員として考え、公のために行動できる人」と明示している。明らかに、個人よりも共同体を重視している。

憲法改正については見開き二ページが当てられており、自衛隊の実態と憲法九条の規定との整合性や、「環境権」など新しい人権についても意見が出ていることを紹介し、憲法改正の手続き、他国の憲法改正要件の比較などが図示され、詳述されている。

「法の下の平等」では、「男女の平等と家族の価値」というタイトルで、見開き二ページが当てられている。「個人が家族より優先されるべきだとみなされるようになると、家族の一体感は失われていくおそれがあります」と指摘され、夫婦別姓の賛否についての世論調査のグラフも示されている。

「家事は無償の労働か」と題されたコーナーでは、政府が行っている家事労働を貨幣評価したグラフが掲載され、「そもそも家事は単なる『労働』なのか」と問いかけ、「お金でははかれないほど大事な価値をもった仕事だといえます」と締めくくられている。

「国民国家」も強調され、「国家としての一体感を守り育てることは大切であり、そのためにあらためて国民の祖国への意識が必要となるのです」と述べられている。

「科学技術の発達と私たちの生活」の章では、筑波大学名誉教授・村上和雄氏の『生命のバカ力』の文章の一部が、加筆の上、紹介されている。「人間業をはるかに超えた事実に対しては、何か偉大な存在（サムシング・グレート）の力が想定されます」とあるが、この「サムシング・グレート」は、高橋史朗氏の本にもしばしば登場する。

高橋氏の『家庭教育の再生』では、村上氏が遺伝子のスイッチのオン・オフという説を唱えているとして、「美しいものを美しいと感じる遺伝子も、恥ずべきことを恥ずかしいと感じる遺伝子も幼少期の頃に、働きかけがなければ、スイッチがオンにならないまま大人になってしまうのです」と述べ、母性本能の遺伝子がスイッチ・オンになっていない大人が増えていると嘆いている。

こうして教科書を改めて検討してみると、歴史よりも公民の教科書のほうに、より右派的な考えを見て取ることができる。

だが、右派がより歓迎する内容になっているのは、「新しい歴史教科書をつくる会」の自由社が発行する『新しい歴史教科書』のほうかもしれない。「大東亜戦争」や天皇制の記述に、より保守的な歴史観が反映されているからだ。検定にも合格しているが、二〇一五年の採択では、つくる会の教科書を使う公立中はゼロ、私立中で八校という結果で、惨敗が続く。

保守系の首長らと「日本教育再生機構」

なぜ保守系の首長らは、育鵬社のほうを選ぶのだろうか。

その背景には、編集と採択を支援してきた「日本教育再生機構」の存在がある。

日本教育再生機構は民間団体で、二〇〇六年一〇月に設立された。理事長は、安倍晋三首相に近いとされる八木秀次・麗沢大学教授（憲法学）が務める。安倍政権の教育改革を進める「教育再生実行会議」の有識者メンバーでもある。

もともと八木氏は、「新しい歴史教科書をつくる会」に参加していた。二〇〇四年から〇六年二月まで会長を務めたが、内紛で脱退。当時から、つくる会の教科書は採択が伸び悩み、編集方針や採択をどう増やすかをめぐる考え方の相違が幹部の間で浮き彫りになっていた。こうしたなか、八木氏の脱退によって、発行会社は、つくる会の自由社と、扶桑社の子会社である育鵬社に分かれた（詳しくは後述）。

二〇〇七年に八木氏らは、「改正教育基本法に基づく教科書改善を進める有識者の会（教科書改善の会）」を結成。安倍首相と親しい加計学園の加計孝太郎理事長ら約一〇〇人の賛同人が集まった。

二〇一四年には、自治体の首長らによる「教育再生首長会議」が発足した。首長会議は一五年から一八年まで毎年一月に、安倍首相を表敬訪問している。首長会議の現会長、野田義和氏が市長を務める東大阪市と、前会長の松浦正人氏が市長を務めていた山口県防府市は、いずれも育鵬社の教科書を採択している。

安倍首相は、自民党が野党だった二〇一二年二月、大阪で行われた日本教育再生機構大阪の「教育再生民間タウンミーティングin大阪」に登壇し、熱弁をふるった。横浜市で育鵬社の教科書が採択されたことについて「本当に驚くべきことです」と述べ、「首長が議論して説得できる教育委員に変えていくことができれば、現在の制度でも（育鵬社採択は）不可

能ではありません」と語っている。（『教育再生』平成二四年四月号）

育鵬社の教科書採択で成果を出してきた「日本教育再生機構」だが、二〇一九年二月現在、公式ホームページは閉鎖され、機関誌『教育再生』も一六年五月の九四号以来、発行されていない。第二章で述べたように、八木氏は「日本教科書株式会社」の立ち上げに加わり、中学校の道徳教科書に参入している。道徳のほうに注力しているということなのだろうか。ただ、日本教科書をめぐっては、反対派の市民団体の活動もあって、一八年の採択では石川県加賀市など三市が採用したにとどまった。

「教育再生首長会議」をめぐっては、沖縄タイムスが二〇一八年八月一五日、情報公開請求を通じて、一七年度までに少なくとも一二二〇万円の自治体の公費がこの団体に支出されていたことを報じている。この報道によって、首長会議と再生機構との連携に不都合が生じたのかもしれない。

今後、育鵬社が刊行する教科書の採択運動は、どう展開していくのだろうか。既に収束の方向へ向かっているのだろうか。今後の動向に注目したい。

「歴史戦」へ注力

教科書採択で苦戦する「新しい歴史教科書をつくる会」（会長・高池勝彦弁護士）は近年、

採択よりも歴史運動に力を入れ、「慰安婦の真実国民運動」などを展開している（この運動の事務所は、つくる会内に置かれている）。国連にメンバーを派遣するなどして、「従軍慰安婦」や「南京虐殺」に関する情報発信運動を、教科書と並ぶ車の両輪と位置づけている。

「聖徳太子の抹殺は、日本国家を精神的に解体させる重大な一歩である」

新しい学習指導要領の改訂案について、文部科学省に寄せられたパブリックコメント一万二二一〇件の一部だ。文科省によると「『聖徳太子』の意見が数千件あった」という。

文科省は二〇一七年二月、歴史研究の進展を踏まえて、「聖徳太子」という従来の呼称を、小学校では「聖徳太子（厩戸王〈うまやどのおう〉）」、中学校では「厩戸王（聖徳太子）」にするという改訂案を示した。

これに対して、「聖徳太子の名前を守ろう！」と運動を展開したのが、「新しい歴史教科書をつくる会」だった。緊急声明を発表し、会員や支援者にパブコメへの意見提出を呼びかけた。三月七日には文科省を訪れ、文科省記者クラブで記者会見を開いている。

その効果があったのか、文科省は二月三一日に表記を「聖徳太子」に戻すことにした。

つくる会は一九九七年一月に発足した。前年の九六年、中学校の歴史教科書すべてに「従軍慰安婦」が記述されると判明。当時、東京大学教授で自由主義史観研究会を組織していた藤岡信勝氏がこれを問題視し、当時は明星大学教授だった高橋史朗氏や電気通信大学教授だった西尾幹二氏、漫画家の小林よしのり氏らとともに会を立ち上げた。

二〇〇一年四月、つくる会の歴史と公民の教科書が検定に合格。〇五年には東京都杉並区などで採択されたが、八木氏らとの路線の違いで、〇六年に会は分裂した。その後は、「採択される教科書」を目指した「日本教育再生機構」が採択を増やす一方で、現在、つくる会の教科書を使っている公立中学校はない。

結成から二〇年。採択が低迷するなかで、藤岡氏は「つくる会の運動は大きな成果を上げている」と話す。「教科書に問題があるという認識を定着させた。他社の教科書からも、毒々しい残虐な行為の記述はほぼ一掃された」と胸を張る。

現在、歴史教科書には、領土問題や南京虐殺についても政府見解が必ず取り上げられるようになっている。「従軍慰安婦」に関して政府が「お詫びと反省」を表明した河野談話については、二〇一六年度用から参入した「学び舎」の教科書にその一部が掲載されただけだ。「中学の教科書からは、（河野談話は：引用者注）ほぼなくなった」と藤岡氏は評価する。

一方、つくる会の会員はピーク時には一万人いたが、現在では三〇〇〇人まで減少した。採択低迷が続けば、教科書編集は行き詰まる。つくる会のホームページは、高池会長と自由社の植田剛彦社長の連名で、二〇一九年度から使われる歴史教科書の制作に六〇〇〇万円が必要だとして、「つくる会教科書発行基金」への寄付を呼びかけている。教科書の記述から

「従軍慰安婦」が消えたという「つくる会効果」を強調し、学習指導要領の「聖徳太子」の記述の変更についても、「この件でハッキリ文科省に対しＮＯを突きつけた団体は『つくる会』のみでした」と訴えている。

藤岡氏は、安倍首相の教育政策に対して、「特に『グローバル化時代への対応』は非常に問題だ。世界はナショナリズムに向かっている。グローバル化は、日本の伝統文化を破壊する」と懐疑的だ。安倍首相との関係に距離ができて、思いが反映されていないという不満があるのかもしれない。

安倍首相も後押し

だが、「教科書に問題があるという認識を定着させた」という「つくる会効果」は、確かに安倍政権に影響を与えている。

一九九七年二月、中学教科書の「従軍慰安婦」の記述に危機感を持った衆参の国会議員八一七人が「日本の前途と歴史教育を考える若手議員の会」（中川昭一代表）を結成した。学者や文化人らからなる「つくる会」は、その前月に発足している。

「若手議員の会」の事務局長に就任した安倍首相は、講師を招いての勉強会の進行役も務めた。同会が刊行した『歴史教科書への疑問』（展転社）には、その勉強会の様子が詳しく書かれている。

第一回の講師は、つくる会の結成で中心的な役割を果たし、副会長も務めた高橋史朗氏。高橋氏は当時、つくる会の「教科書制度等研究委員会」の担当理事だった。勉強会では、歴史教科書に「反日イラストや写真など」があるとして、検定制度の強化と不適切な教科書の排除を訴えた。

二回目の講師には、「中学校の荒れは、教科書の反日・自虐偏向と無関係ではない」と主張する大阪府の中学校の社会科教諭・長谷川潤氏もいた。長谷川氏は、教科書採択に際して、日教組を含む現場の教師がアンケートへの投票や事前の調査によって採択結果に影響を与えていると報告している。

勉強会で大きな議論になったのは、「従軍慰安婦」問題だった。文科省の初等中等教育局担当の大臣官房審議官や教科書課長が招かれ、なぜすべての教科書に「慰安婦」の記述が掲載されることになったのか、経緯の説明を求められている。

六回目の勉強会では、石原信雄元内閣官房副長官が、元慰安婦一六人の聞き取り調査を踏まえてまとめられた河野洋平官房長官談話について、作成された経緯を説明。石原氏は、一六人の中には、慰安婦の募集の際、「誠に聞くに耐えないような状況の下で承諾させられた、あるいは募集に応じさせられた」ケースがあったと説明し、担当者の心証として「これは明らかに本人の意に反する形での募集があったということは否定できない」との報告があったと話している。

しかし、この日の勉強会では、「強制連行の資料を示す資料はない」「聞き取り調査は裏付けされていない」ことが問題視され、中学の歴史教科書に取り上げるのは適切ではないという議論の流れになっている。

若手議員の会には、第二次安倍政権で文科相を務めた下村博文氏も参加し、勉強会でもたびたび発言していた。教科書検定基準の「近隣諸国条項」のことも取り上げ、問題視している。近隣諸国条項とは社会科の検定基準の一つで、「近隣のアジア諸国との間の近現代史の扱いに国際理解と国際協調の見地から必要な配慮がされていること」というもの。一九八二年に定められた。

下村氏が文科相を務めていた二〇一三年一一月、文科省は教科書検定の新基準を公表した。確定していない学説などを教科書で取り上げる場合は、政府見解を併記したり、確定判例がある場合はそれを紹介したりすることでバランスを図るよう求めた。「近隣諸国条項」の削除は見送られたが、下村氏は、国が作る学習指導要領の解説に、尖閣諸島や竹島を「我が国固有の領土」と明記する方針を打ち出した。また、教科書検定において、「改正教育基本法に照らして重大な欠陥がある場合」も不合格になるとの規定を追加した。

新基準のもとで検定が行われた二〇一六年度の中学校の教科書では、従軍慰安婦や東京裁判などの記述に関し、「政府の統一見解が盛り込まれていない」などとする検定意見がついて修正された。

下村氏は、かねてから問題視していた教科書採択への教員の関与を排除しようと、教育委員会の制度的な見直しにも着手した。教科書を採択するのは教育委員会だが、慣例として教員にアンケートを取ったり、調査をしてもらったりする自治体も多い。制度改革によって、この影響力をなくしたいと考えたのだ。

その一環として、二〇一五年四月、都道府県知事や市区町村長などの首長と教育委員会が教育政策を話し合う総合教育会議を設置し、首長の意見が採択に反映されやすいようにした。安倍首相は一六年一月、教育再生首長会議の表敬訪問に際して、「今年度から各自治体に置かれている総合教育会議などで、皆様方がしっかりとリーダーシップを発揮していただけることを期待したいと思います」と述べている。文科省の調査では、総合教育会議を開催した自治体は、一五年六月時点では六割にとどまっていたが、半年後の一二月時点では九割にのぼっていた。

「従軍慰安婦」に触れた教科書への攻撃

歴史教科書の記述に影響を与える流れをつくった「新しい歴史教科書をつくる会」が今、注目しているのは、二〇一六年度用教科書（検定は一五年）から参入した「学び舎」の中学歴史教科書『ともに学ぶ人間の歴史』だ。
「つくる会教科書発行基金ご協力のお願い」には、こんなことが書かれている。

一方、「つくる会効果」を消し去ってしまうような危機的状況も生まれています。文科省審議会の委員も「検定基準に合わない」としている学び舎の教科書の出現です。同教科書は慰安婦問題を再び取り上げ、南京事件の虐殺についても具体的に記述しています。この中韓の要望に沿って作られたような教科書が、エリート校といわれる公私の進学校に合計五〇〇〇部も採択されています。この悪しき流れに唯一対抗できるのが「つくる会」の『新しい歴史教科書』と『新しい公民教科書』なのです。

この「学び舎」の教科書をめぐって、二〇一七年夏、難関進学校とされる私立灘中学校（神戸市）の和田孫博校長が約一年前に書いた文章が、ネット上で広がった。灘中が「学び舎」の歴史教科書を採択したことに対して、自民党議員から問い合わせを受けたり、抗議のはがきが数百枚届いたりし、和田校長が「政治的圧力だと感じざるを得ない」などと記したものだ。

背景には何があったのか。

学び舎の教科書は、現役の社会科教員ら約三〇人が執筆し、歴史研究者の助言を受けてつくられた。一般の教科書のように、時代順に出来事を説明するのではなく、その時代のトピックを大きく取り上げ、深掘りしていくスタイルが採られている。

たとえば産業革命であれば、「工場で働く子どもたち」という単元で、「児童労働」をさせられた子どもがどんな過酷な状況で働かされていたかを詳しく紹介したコラムや、炭鉱で働く子どもたちの写真を掲載。生徒に自分の頭で考え、議論させようとする工夫が感じられる。見方によっては、「アクティブ・ラーニング」を推進する文科省の意向に沿っているといえるかもしれない。だからこそ進学校で人気が出たのだろう。

この教科書は、慰安婦について日本政府が「お詫びと反省」を表明した一九九三年の「河野談話」も掲載し、「中学校の教科書では一〇年ぶりに慰安婦の記述が復活した」と話題になった。「軍や官憲によるいわゆる強制連行を直接示すような資料は発見されていない」という政府見解も注記している。学び舎によると、国私立計三八校が採択し、五三〇〇冊が使われているという。

公立学校で使われる教科書は、自治体の教育委員会が採択するが、国立と私立の学校は、学校長が採択することになっている。

和田校長の文章は二〇一六年九月、京大文学部の同級生を中心にしたグループの同人誌に寄稿したもので、「謂れのない圧力の中で」と題してネット上に公開された。一七年七月末、民放のドキュメンタリー番組で紹介されたことなどを機に、ツイッターなどで広がった。

和田校長はこの文章で、「自民党の一県会議員から『なぜあの教科書を採用したのか』と詰問された」と記し、灘中学出身の自民党衆院議員から電話があり、「『政府筋からの問い合わせなのだが』と断った上で同様の質問を投げかけてきた」と書いている。

「何処の国の教科書か」とか、OBを名乗って「こんな母校には一切寄付しない」と抗議する匿名のはがきやポストカード、同一の文面が印刷されたはがきが計二〇〇枚以上届いているとし、ジャーナリストの水間政憲氏のブログが「発信源のようだ」と指摘している。水間氏が憲法改正をめざす運動団体「日本会議」関係の研修などで講師を務めていることにも言及したうえで、「政治的圧力だと感じざるを得ない」と記した。「多様性を否定し一つの考え方しか許されないような閉塞感の強い社会という意味での『正方形』は間もなく完成する、いやひょっとすると既に完成しているのかもしれない」と結んでいる。

水間氏は二〇一八年三月、学び舎の教科書を採択した学校に対し、ブログで「理事長や校長、そして『地歴公民科主任殿』宛に『OB』が抗議をすると有効です」などと書き、はがきなどを送るよう呼びかけた。一七年八月七日にも、和田校長の文章がネット上に広がったことを受けて、その文章を再掲した。

水間氏は取材に対して、学び舎の教科書を「イデオロギーで作られた危険な教科書ではないか」としたうえで、「事実は事実として発信しただけ。どう広がったのかは分からない。採択校の問題は雑誌にも書いているし、ＯＢも危機感を持っていた。日本会議とはまったく関係ない」と答えた。和田校長に問い合わせをした盛山正仁衆院議員も、「なぜ選んだのかを尋ねただけだ。『政府筋からの問い合わせ』と言ったかどうかは覚えていない」という。

灘中学・高校だけではない。「学び舎」の教科書を採択した他の中学校にも、抗議のはがきや電話が寄せられていた。『週刊朝日』が、学び舎の教科書を採択した三八校にアンケートしたところ、七校が「圧力があった」と回答。差出人には、森友学園の籠池泰典氏や、当時、教育再生首長会議の会長だった山口県防府市前市長、松浦正人氏の名前があったことを確認している。

朝日新聞の取材でも、都内のある国立中学が学び舎の教科書採択を決めた直後、「なぜこの教科書を採択したのか」といった電話が数本あり、灘中と同じような内容のはがきが計二〇〇枚以上届いたことが分かっている。水間氏は、「組織的な呼びかけはしていない」としている。実際、灘中などには、水間氏がブログで販売しているポストカードとは異なるタイプの、同一文面が印刷されたはがきが届いている。ネット上の呼びかけに共感してポストカードを送ったブログ読者とは別に、組織的に送った団体があったのかもしれない。

学び舎の教科書を採択した学校の教員の一人は、「生徒に考えさせることを重視した先進的な教科書だと感じ、採択した」と話している。進学校が採択した背景には、思考力を身につけてもらいたいという狙いがあったようだが、「慰安婦」ばかりが注目を集めてしまったということだろう。

二〇一六年四月には、当時の義家弘介《ひろゆき》・文部科学副大臣が、学び舎の歴史教科書を採択した東京学芸大学付属世田谷中学校を訪れ、教科書採択の「透明性を確保」するよう要請している。育鵬社の教科書反対運動に携わっている人たちの中には、この要請は、義家氏の「圧力」だったという見方もある。一一年から一四年にかけて、沖縄県の八重山地区の中学教科書採択で、石垣市と竹富町が育鵬社の教科書をめぐって対立した際、育鵬社を推していた石垣市の教育長と義家氏が連絡を取り合い、「文部科学省初等中等教育局の幹部を呼びつけて圧力をかけていた」と、元文科省次官の前川喜平氏が『面従腹背』で明かしている。

二〇一八年には、あるブログの呼びかけに応じて、朝鮮人学校の教育無償化に賛同した弁護士に対して、大量の懲戒請求が出されるという事件があった。

この懲戒請求をした人たちと、学び舎の教科書攻撃をした人たちは重なっているのだろうか。まったく異なる人たちなのだろうか。

資金面も後押し

「新しい歴史教科書をつくる会」の活動をみても分かるように、右派的な教科書採択運動と歴史修正主義は、密接な関係にあると見ていいだろう。

それは、支援する側を見ても明らかだ。

育鵬社の教科書採択運動を大阪で展開したフジ住宅の今井会長は、教育関係の団体のほか、従軍慰安婦の歴史修正的な運動を行う団体や個人などに資金を提供している。

一般社団法人「今井光郎文化道徳歴史教育研究会」は二〇一四年一一月に設立され、フジ住宅株式会社からの配当金（年間約五七〇〇万円）を原資として、日本人として正しい文化・道徳・歴史・教育を伝える活動をする個人や法人を支援するという。

この研究会のホームページに掲載されている助成先一覧を見ると、初年度の二〇一五年度は、慰安婦問題などについて国際的な発信をしている呉善花氏や、「慰安婦の真実国民運動」の加盟団体でもあるテキサス親父日本事務局、「日本を知って未来を考えよう」という親子講座を開いている吹田夢☆志団（大阪府吹田市）など七団体に総額で約二〇〇〇万円を助成した。一六年度以降は年二回になり、慰安婦関係の助成先では、自民党の衆院議員杉田水脈《みお》氏や、朝日新聞の慰安婦報道に対する「朝日・グレンデール訴訟を支援する会」が新たに加えられている。

教育関係では、「道徳科推進事業」として「日本教育再生機構」のほか、会報誌『史』の発行、普及への支援として、「新しい歴史教科書をつくる会」が助成を受けている。「マナーキッズプロジェクト」は二〇一六、一七、一八年度の三カ年連続で、助成先に選ばれている。二〇一七、一八年度には、日本会議の三好達《とおる》前会長（元最高裁長官）を共同代表とし、憲法改正を推進する運動団体「美しい日本の憲法をつくる国民の会」や「TOSS親学推進委員会」の関西支部と関東支部の両団体も、助成先に選ばれている。一八年度には、日本志勉強会（大阪府南河内郡）や志教育研究会（岐阜市）といった「志」に着目した団体にも助成が行われている。

初年度は計七団体に総額二〇〇〇万円の助成金を出していたが、一七年度には延べ四九の団体・個人を対象に約一億二〇〇〇万円の助成をしている。初年度と比べ約六倍の急増ぶりだ。

戦後の教育に疑問をもつ政治家と企業人、市民が連携し、安倍首相がとなえる「教育再生」が推し進められ、教科書の見直しも進められている。

このままでは、戦後の民主主義教育を受け、戦前の侵略行為をはじめとする日本のアジアに対する加害の歴史を教科書で学んだ世代と、そうした負の歴史を知らず、日本の国に「誇りをもつ」よう教育された世代間のギャップが広がっていくのではないだろうか。

安倍政権は教育のグローバル化も目指しているが、今の教科書で学んだ子どもたちが、将来、国際社会で多くの外国人と接するとき、相手の歴史認識を尊重しながらコミュニケーションが取れるのか心配だ。

第五章

国のための子ども、経済のための子ども

家庭科で生き方誘導？

二〇二二年度から実施される高校の学習指導要領では、家庭科の学習方法も大きく変わる。少子高齢化社会に対応するため、「生涯の生活設計」を核に、家族のケアをする技術や、将来の経済的な見通しを立てる力なども身につけさせるという。

これを先取りしたような授業は、すでに富山県などで行われている。介護や保育などの技術を、施設訪問などで実践的に学ぶという内容だ。国の少子化対策の中でも、「ライフプラン教育」が強調され、高校の副教材として「ライフプラン教育」の冊子を作る自治体が増えている。

これらの副教材に共通しているのは、結婚や子育てについて学ぶ際に「妊娠適齢期」が登場することだ。加齢によって、女性の卵細胞の数や妊娠のしやすさが低下することを示すグラフを載せたり、男性の精子機能が低下することに触れたりしている。

秋田県の教育委員会が作った副教材では、進学や結婚、出産といったライフイベントを記入するシートを設け、「記入例」も掲示。一八歳で東京の大学に進学し、二六歳で秋田に戻って翌年に結婚、三八歳で親世帯と同居する——というものだ。

二〇一六年六月に閣議決定された「ニッポン一億総活躍プラン」の「結婚支援の充実」の

具体策として、政府は、既存の教科と連携した「将来の職業や家庭について考えるワークシート入りの実践的教材を使った学習」を挙げている。これは、すべての高校生を対象とするものだ。

今回の高校家庭科の学習指導要領の改訂では、現行の学習指導要領では最後に置かれた「生涯の生活設計」という項目を、柱の一つとして冒頭に配置し、家庭科の導入とすることが明記された。家族や衣食住、消費生活についても生活設計に結びつけて学び、まとめでも扱うことになっている。文部科学省の教育課程課によると、中央教育審議会の答申に盛り込まれた「少子高齢化社会への対応」をふまえたという。

文科省は、「生涯の生活設計のところに、『人の一生について、様々な生き方があることを理解する』という文言が含まれている」と説明する。

だが、特定の生き方を推奨することになりはしないか、不安が残る。高校生が、必ず結婚しなければいけないと考えたり、故郷を出て就職することをためらったりすることはないのだろうか。子どもを持ち、「父母」として生きることを標準と思わせたり、若い時期での出産を推奨したりすることは、同性愛などの性的マイノリティーの子どもたちを排除することにつながりかねない。

安倍首相は、二〇〇六年に刊行した『美しい国へ』の中で、家庭科の教科書が「典型的な家族のモデル」を示さず、「家族には多様な形があっていい」と説明していることに懸念を示している。その上で、家庭科の教科書は同棲や離婚家庭、再婚家庭、シングルマザー、同性愛のカップル、犬と暮らす人など、いずれも家族であると教えており、「父と母がいて子どもがいる、ごくふつうの家族は、いろいろあるパターンのなかのひとつにすぎないのだ」と批判。「子どもたちにしっかりした家族のモデルを示すのは、教育の使命ではないだろうか」と書いている。

親学推進協会会長の高橋史朗氏の対談集『主体変容の教育改革！』に収録された対談では、高橋氏から「特に、家庭科の教科書には奇妙な記述が数多く見られました」との発言を受けて、安倍首相は「家族をバラバラにしようという強い意図を感じます」「教科書に関わっている執筆者には、いわゆる人権論者の人たちが多いのでしょう。そこから根本的に変えていかなければならないと思います」と述べている。

こうしたことを踏まえれば、今後、教科としての家庭科も、特定の家族観への誘導や「産めよ、増やせよ」といった少子化対策に利用される可能性が十分にある。

聖心女子大学の鶴田敦子元教授（家庭科教育学）は、今回の高校家庭科の学習指導要領改訂で、「生涯の生活設計」が「家族と福祉」の項目に含まれていることに注目しているという。

「保育、介護の体験や技能、『自助』や『共助』の姿勢を培うことが強調される一方、福祉については、『基本的な理念に重点を置くこと』とされ、制度の学習は軽視されている。高校生が、将来も福祉に頼らず、自己責任で生きていくための生活設計をすることにならないか」と指摘する。

自民党が二〇一二年に公表した憲法改正草案の第二四条には、「家族は助け合わなければならない」とある。介護ヘルパーを頼んだり、保育園への入園をあきらめさせたりして、家族内での「自助」を当然とするような流れを作ろうとしているのだろうか。

率先して掃除をする子ども、礼儀正しい子ども、真面目でうそをつかない子ども、自分にとっての「夢」よりも社会の役に立つ「志」を大事にする子ども、国を愛する子ども、福祉に頼らず、自力で頑張る子ども……。こんな子どもたちが育っていくことは、国にとって都合がいい。

規律正しい子どもが大人になれば、犯罪は減り、「早寝早起き朝ご飯」で生活習慣病にもならず、困っていても政治に不満を言わず、ひいては社会の安定につながる。子育ても介護も家庭内で行えば、福祉予算を拡充しなくて済む。個人より国が大切だと教えれば、いざという時は、国のために命を投げ出してくれるかもしれない。

なんて「美しい国」なんだろう！

敵視された「性交人形」

ところで、東京都町田市議会で「給食は手抜き」発言をした大西宣也議員は、性別にかかわらない社会を目指すという意味で一九九〇年代から二〇〇〇年代初めごろに使われていた「ジェンダーフリー」に反対し、性教育を批判する急先鋒でもあったようだ。

日本会議首都圏地方議員懇談会の監査だった大西氏は、日本会議の機関誌『日本の息吹』（二〇〇五年一一月号）に掲載されたインタビューで、二年前に「性交人形」を使った過激な性教育について市議会で質問したことを紹介している。

「私は教育委員会から性交人形を借りて議場に持ち込み、市長と教育長に対して『どうやってこれを使うのか実演してください』と問いました。（中略）我々は草分け的存在で、この問題を議会で取り上げてきましたが、これが積み重ねとなって、山谷えり子参院議員が国会質問して下さり全国的な問題となったことに大きな意義を感じております」

二〇〇三年三月の定例会の議事録に、大西氏が自賛した質問の詳細が載っている。

大西氏は、町田市男女平等推進計画の作成について、「ジェンダーフリー」という言葉が多用されていると指摘。ＨＩＶ（ヒト免疫不全ウイルス）予防のため、市が成人式でコンドームを配ったことを疑問視し、学校では「性交人形」を使った授業が進められていると批判した。

二〇〇〇年代初頭、保守系の議員と宗教右派の人々が、「ジェンダーフリー教育」や「男女共同参画基本条例」に反対するためのさまざまな活動を全国各地で繰り広げていた。

その象徴の一つが、「性交人形」だった。

米国生まれの「スージィ」と「フレッド」には性器がついている。性交や出産の仕組み、避妊などを教える性教育のための教材だった。だが、性教育に反対する人たちは、ことさらに「いやらしいもの」として非難していた。

特に問題視され、裁判にもなったのが、東京都日野市の都立七生《ななお》養護学校（現・七生特別支援学校）での「こころとからだの学習」だ。知的障害の子どもたちが通う同校では、生徒が性被害などにあわないように、この人形を使った分かりやすい性教育を目指していた。

事件の経緯は、同校の元校長、金崎満氏の著書『検証　七生養護学校事件』に詳しい。

二〇〇三年七月、一部の都議と産経新聞の記者が突然、同校を訪問し、服を着ていた人形の性器をあらわにして写真を撮影。翌日の産経新聞では、「過激性教育　都議ら視察」とセンセーショナルに報じられた。

「どうして小学生から性器名を教える必要があるのか！」「お父さんとお母さんがどういう性交をしているかも教えるの？」などと教員を問い詰めたのは、民主党の土屋敬之《たかゆき》氏、自民党の古賀俊昭氏、田代博嗣氏ら保守系の都議たちだ。

この「視察」と前後して、都教育委員会は、人形や性教育の教材を没収した。それだけではない。これを機に、都教委は同校の服務関係の書類や時間割、親睦会の資料などを持ち帰り、運動会の後の反省会で飲酒をしたなどとして、同校の教職員を大量に処分した。当時、別の学校に既に勤務していた金崎氏も降格処分となった。

二〇〇五年五月、教職員と保護者二八人が、当時の石原慎太郎知事、都教委、土屋氏ら三人の都議、産経新聞社を相手取り、処分の取り消しと損害賠償を求める裁判を起こした。最高裁は最終的には「教育の不当な支配」を認め、金崎氏らの処分を取り消す判決が確定した。

だが、この事件以降、学校での性教育は急速に萎縮していった。

二〇〇四年、都教委は教員向けに、指導計画の立て方や学年別の指導内容を定めた「性教育の手引」を作成。教育内容が統制されていった。

国会でも、性教育バッシングが吹き荒れた。

二〇〇二年、後に第一次安倍政権で教育再生会議の担当になる山谷えり子参院議員が、中学生向けの性教育用冊子『思春期のためのラブ&ボディBOOK』（母子衛生研究会）での人工妊娠中絶や経口避妊薬（ピル）に関する記述を取り上げ、「女性の自己決定権」を批判。

絶版・回収になった。

二〇〇五年、自民党は「過激な性教育・ジェンダーフリー教育実態調査プロジェクトチーム」を設置。座長に安倍首相が就任している。

国際的な用語である「ジェンダー」という言葉さえ問題視され、家庭科教科書から削除されるなど、男女平等に関する施策も後退した。

安倍首相は、親学推進協会会長の高橋史朗氏との対談集『主体変容の教育改革!』の中で、「男女共同参画基本計画についても約一七〇カ所を修正させた」と語っている。

いま、安倍首相は「女性活躍」の看板を掲げている。男女共同参画や性教育バッシングの風は、過ぎ去ったといえるのだろうか。

二〇一八年三月、東京都足立区の中学校で行われた性教育の授業で、「性交」「避妊」「人工妊娠中絶」などの言葉が用いられたことを都教委は「不適切」だとした。きっかけは、七生養護学校の「視察」にも参加した古賀都議が議会で質問したことだった。

都教委は、こうした言葉が「学習指導要領の保健・体育に載っていない」と足立区を指導。区教委は「不適切ではない」と突っぱねたが、政治による性教育への介入が今も起こりうることが明らかになった。

「教育再生」のモデルは英国？

「なるほど、安倍政権のイデオロギー的な政策は、道徳の教科化や特定の家族観の押しつけなど、それに反対する人たちには居心地が悪いかもしれない。でも、大学入試改革や全国学力調査の実施など、中立的な政策も実現させているよね」と思う人もいることだろう。

ただ、もう少し注意深くみると、一見中立的な政策の裏にも、望ましい人間像への誘導など、特定の意図が含まれていることが分かるはずだ。

安倍首相は『美しい国へ』のなかで、「教育の再生」という章を設けている。

この章の前半では、「自虐的な偏向教育の是正」や「教育水準の向上」を実現させたという英国のサッチャー改革を取り上げ、「イギリスの経験が、きっと日本の教育改革、とりわけ教育基本法の改正に活かせると考えた」と記している。

続いて、教育の国定カリキュラムの制定や、全国共通学力テストの実施のほか、問題行動を起こす児童・生徒への教員によるしつけの権限を法制化したり、地域に悪影響をおよぼすおそれのある問題家庭を二四時間監視したりする、ブレア政権の「リスペクト・アクション・プラン」などを例示し、これらを評価している。

英国にこだわっているのは、なぜだろうか。

安倍首相が自民党幹事長だった二〇〇四年、自民党と民主党（当時）の国会議員六人が、憲法改正を推進する運動団体「日本会議」のメンバーと一緒に、英国へ視察旅行に出かけている。この国の教育改革の調査が目的だ。

六人の内訳は、自民党からは古屋圭司衆院議員、下村博文衆院議員、亀井郁夫参院議員、山谷えり子参院議員の四人、民主党からは松原仁衆院議員、笠浩史《りゅうひろふみ》衆院議員の二人となっている（肩書は当時）。

調査の内容は、『サッチャー改革に学ぶ教育正常化への道』（中西輝政監修、英国教育調査団編）に詳しい。

当時、超党派の国会議員と日本会議、日本会議系の識者らは、教育基本法の改正について、頻繁に勉強会を開いていた。その中で、日本会議の椛島有三事務総長が、サッチャー首相の教育改革について提起したことがきっかけとなり、英国教育調査団が結成されたという。

日程は九月下旬から一〇月初旬までの一週間で、教育水準局や教科書会社、宗教教育専門家委員会などを訪問。最終日には、サッチャー政権で教育大臣を務めたケネス・ベーカー上院議員を訪ねている。

この本の中で、安倍政権のキーパーソンであり、文科相・教育再生担当相を務めた下村氏が強調しているのが、「多様な学校形態を国の責任で認めているイギリスの教育制度」だ。

学校選択の自由が保障されている英国には、親や地域住民の代表による学校理事会によって運営される学校があることを紹介している。

塾や私立学校を支持基盤に持つ下村氏は、民間教育の振興にも熱心だ。公教育に学校選択制を導入することにも強い関心を持っている。こうしたなか、自民、公明、民進、維新の議員からなるフリースクール議員連盟は二〇一六年、教育機会確保法を提案、成立させ、フリースクールなど民間の教育機関に公費を投入する道を開いた。この動きを主導した一人が下村氏だ。

『サッチャー改革に学ぶ教育正常化への道』で下村氏は、全国学力テストの結果を公表することで、学校の教育水準を知ることができると、英国の事例を報告してもいる。

下村氏のこの論考で、さらに興味深いのは、日本では全国共通の学力テストが昭和四一(一九六六)年以来、まったく行われず、事後チェックもないために、教師たちが勤務中に組合活動を行い、学習指導要領に反する教育が行われてきたと指摘していることだ。「全国共通テストを実施していれば、年間二五〇時間も授業をカットするという違法な事態はもっと早く発見し、改善できたはずなのである」と結論づけている。

英国への視察旅行の翌年、小泉純一郎内閣の「経済財政運営と構造改革に関する基本方針2005」に、全国的な学力調査の実施が盛り込まれた。第一次安倍政権期の二〇〇七年、四三年ぶりに全国学力調査が復活した。先の下村氏の論考からすると、「組合対策」という面もあったのかもしれない。

学校理事会運営の学校については、「バランスを欠いた教育が発見されれば、学校理事会が問題を受けて調査し、校長の責任で偏向教育は直ちに是正される」と、そのメリットを挙げている。組合員の教員による政治的に偏った授業をチェックすることができると考えているようだ。学校運営協議会制度（コミュニティ・スクール）の日本への導入についても、偏向教育の監視役を期待しているのだろうか。だとすれば、日本青年会議所（日本ＪＣ）が、コミュニティ・スクールに熱心な理由も理解できる。

『サッチャー改革に学ぶ教育正常化への道』で山谷えり子氏は、英国の宗教教育について報告をしている。

日本では「過激な性教育」が行われていると問題視し、高校の家庭科の教科書を批判。英国では、罪を犯した子どもの登下校に親が同行し、夜間は自宅で監視することなどを命じる「子育て命令」という規則が導入されていることを紹介している。

最後に、日本でも宗教教育を本格的に導入するために、教育基本法を改正して、「宗教知識教育」と「宗教的情操教育」の二つの視点を盛り込むべきだと結んでいる。

実際、二〇〇六年の教育基本法改正では、第一五条「宗教教育」に、「宗教に関する一般的な教養」との文言が新たにつけ加えられ、「教育上尊重されなければならない」とされている。

経済界のニーズに応える教育？

改正教育基本法の第七条には「大学」についての条文が新たに設けられた。

第七条　大学は、学術の中心として、高い教養と専門的能力を培うとともに、深く真理を探究して新たな知見を創造し、これらの成果を広く社会に提供することにより、社会の発展に寄与するものとする。

２　大学については、自主性、自律性その他の大学における教育及び研究の特性が尊重されなければならない。

文科省が大学教育に口出しするようになったことを苦々しく思っている大学関係者は多いと思うが、実は教育基本法の改正によって、大学は「社会の発展に寄与するもの」と定められてしまっている。近年、研究目的を定めない国立大学法人への運営費交付金や私学助成金が削られ、特定の政策目的に沿った研究への助成金が拡充されているが、それも、改正教育基本法の趣旨に則った改革だといえるかもしれない。

自民党の教育再生実行本部長を務める馳浩・元文科相は、同本部の役割について尋ねられたとき、こう答えている。

「幼児教育から高等教育まで、教育のあり方を総体的に洗い直す。さらに、教育の出口として、経済界が求める社会人像も議論し、具体的な提言を法改正につなげていくのが目的です。教育の大きな枠組みを検討すると同時に、教育委員会の改革や専門職大学など個別の提言をしてきました。また、技術革新が進むグローバルな時代に対応する力を育成するため、(一)基礎的・基本的な知識・技能(二)知識などを活用して課題を解決するために必要な思考力や判断力(三)主体的に学習に取り組む態度——という学力の三要素を定義し、新しい学習指導要領に反映させました。

ただ、全国学力調査なども実施してきましたが、その分析と学校現場へのフィードバックは十分ではありません。将来あるべき日本社会を想定すれば、まだ五〇%ほどの達成率だと思います。これからも、今まで実施した政策がどこまで定着したか、間違った部分はないか、フォローアップを進めます」(「朝日新聞」二〇一七年一二月二五日付、聞き手・杉原)

つまり、「教育の出口」としての「経済界が求める社会人像」や「あるべき日本社会」の実現に向けて教育政策はどうあるべきかを話し合い、政策へと具体的に落とし込んでいった

——。まず、子どもがいて、その子に合った教育を考えるという発想ではなく、経済社会のことが先にあり、その目的のために役立つ人間を育成する教育を整えてきたというわけだ。

経済を支える子ども

実際、近年の教育政策は、経済団体と二人三脚で進められてきたといってもいい。

二〇〇六年四月、日本経済団体連合会（経団連）は「義務教育改革についての提言」をまとめた。三項目あるうち、最初に掲げられたのが、「学校選択制の全国的導入」だ。

学校選択制は、公立学校でも競争原理を働かせるため、東京都品川区が二〇〇〇年に小学校で、〇一年に中学校で初めて導入し、豊島区、足立区、滋賀県大津市などにも広がった。入学者数が急減する学校が出てくるなどの問題が明らかとなり、杉並区や前橋市などの自治体では廃止したり、見直しが行われたりした。それでも経済界は学校選択制を評価し、全国に広げたいと考えていたことが分かる。

この提言では、学校選択制の参考材料を提供するためとして、校長、教頭による教員評価を含む学校評価の実施と具体的な評価方法についても提案している。さらに、「教育の受け手の評価を反映した学校への予算配分」の実現を求め、「私立学校に対しても、生徒数を踏まえて私学助成を行うなど、基本的な考え方は適用できる」と言及している。

二〇〇六年六月に経団連は、教育基本法の改正を推進するために教育問題委員会を開催し、大島理森《ただもり》衆院議員から、改正の見通しなどについて説明を聞き、意見交換をしている。同年一二月には、第一次安倍政権の首相補佐官（教育再生担当）だった山谷えり子氏から、教育再生会議の第一次報告について説明を聞き、意見交換をしたという。

二〇〇七年二月には、山谷氏が経団連の理事会で講演をし、御手洗冨士夫会長（当時）に対して、「教育再生」への協力を呼びかけている。

こうして、与党は経団連とたびたび意見交換し、経済界の要望を教育政策に反映させていった。第二次安倍政権でもこの流れは続き、経団連は二〇一三年にはグローバル人材育成に向けた英語教育の抜本的拡充を、一四年には道徳教育の充実を要望。一六年四月の「今後の教育改革に関する基本的考え方」では、英語教育など従来の提言に加えて、プログラミング教育を含むコンピュータ・サイエンスに関する基礎的な教育の強化を求めた。二〇一八、一九年度で道徳は小中学校の教科となり、二〇二〇年度からは、小学校で英語が教科になり、プログラミング教育が必修化される。

一方で経済界は、アクティブ・ラーニングなど、深く思考して議論するような学びの推進も求めてきた。社会が複雑化するなかで、問題解決力をもった人材の育成が必要だとの考えからだ。道徳の教科化と合わせれば、アクセルとブレーキを同時に踏んでいるように思えるのだが、実は、日本の教育改革は世界の先端を走っているともいえる。

経団連も連携している経済協力開発機構（ＯＥＣＤ）と文部科学省は、一九九二年度からＯＥＣＤと共催で、ＯＥＣＤ・ＪＡＰＡＮセミナーという国際会議を国内で開いており、二〇一八年度で二〇回目を数える。

「世界最大のシンクタンク」といわれるＯＥＣＤの中でも、教育は重要なテーマの一つだ。一九六八年に設置された教育研究革新センターと、七〇年に設置された教育委員会（現在は教育政策委員会）の二つの機関をもつ。加盟各国の教育大臣が参加する会議も五年ごとに開かれている。現在、ＯＥＣＤには三〇カ国以上が加盟している。

ＯＥＣＤが教育分野で上げた最大の成果は、世界統一の学力指標を作ったことだろう。「ゆとり教育で日本の順位が下がった」と騒がれた学習到達度調査（ＰＩＳＡ）が有名だが、それ以外にもさまざまな指標を作成し、加盟国の教育政策に大きな影響を与えている。

近年とくに目立つのが、認知能力を測る学力調査だけでなく、非認知能力（ＯＥＣＤでは、しばしば「スキル」と呼ばれる）を重要視していることだ。

ＯＥＣＤは一九九〇年代から、人間関係の形成、知識や情報を活用する能力など、社会の発展にかかわる力を「キー・コンピテンシー」と定義し、生活で生かせるような教科横断型の問題をＰＩＳＡに採り入れたりしてきた。日本でもこれをもとに国立教育政策研究所が

「二一世紀型能力」という考え方を打ち出している。

『社会情動的スキル』（OECD編）によると、二〇一四年三月、ブラジルで開かれたOECDの教育大臣非公式閣僚会議では、「全人教育」について議論され、従来の認知的スキルのほかに、「社会情動的スキル」を発達させる必要性について、満場一致で合意した。

「社会情動的スキル」は、日本では「学びに向かう力」とも呼ばれている。

社会情動的スキルは、従来の学力テストで測ってきたような能力を除く、ほぼ全ての能力——忍耐力、自尊心、誠実性、社交性、情緒安定性など——を含むといっていい。

注目すべきは、OECDがこれに「生涯の成功を推進するために」「攻撃性を減らすために」といった意義づけをして、「きたえることができる」という観点から、その数値化を試みたり分析したりしていることだ。

もちろん、社会で成功を収めることは、個人にとっても有意義だろう。

だが、OECDの「社会情動的スキル」の報告書をみると、「認知的スキルと社会情動的スキルの両方が経済的および社会的な成果を向上させるうえで重要な役割を果たすことがわかった」として、「社会情動的スキルのレベル（忍耐、自己肯定感、社交性）を上げることは、健康に関する成果と主観的ウェルビーイングの向上、反社会的行動の減少などに特に強い影響を及ぼしている」と記されている。

子どもが将来、自分の感情をコントロールし、勤勉に働く労働力となるようスキルを鍛えるといった考え方がそのベースにあるように思える。

ＯＥＣＤは、同じ報告書の中で、社会情動的スキルの育成を取り扱う教科として、日本の場合は「総合的な学習の時間」を挙げている。また、多くの国で宗教教育や道徳教育が行われていることにも触れている。具体例として韓国の「品格教育」が挙げられ、二〇〇九年には品格教育を重視したナショナル・カリキュラムに改訂されたことが紹介されている。

文部科学省は二〇一六年度から、「知・徳・体」を一体とする「日本型教育」の海外展開事業を始めている。教育の一環としての廊下やトイレなどの掃除、クラブ活動や行事などの特別活動を「輸出」するのだという。

ＯＥＣＤのアンドレア・シュライヒャー教育局次長は二〇一八年七月、日本記者クラブで日本の教育政策について報告した際、「日本は、全人的総合的な教育を行う伝統をもっている」と評価していた。

日本は、ＯＥＣＤが目指す教育の実験場にもなっている。

東日本大震災後の二〇一二年、福島、宮城、岩手の三県から約一〇〇人の被災した中高生が集められ、ＯＥＣＤ東北スクールが実施された。体験活動中心の集中ワークショップ、地域復興を企画する地域スクールなどの活動を通して、ＯＥＣＤが提唱する「キー・コンピテンシー」を育てる試みだ。

福島大学の三浦浩喜教授が、第一六回ＯＥＣＤ・ＪＡＰＡＮセミナーで発表した報告資料によると、「二一世紀を生き抜くために必要なスキル」として、リーダーシップ、企画力、創造力、建設的批判思考、実行力、交渉力、協調性、国際性に加え、震災復興期の緊急性・柔軟性、震災を乗り越えてきた力が挙げられている。

このセミナーでは、ＯＥＣＤ東北スクールに参加した学生と参加しなかった学生で、創造性やモチベーションなどに差が生じたかどうかを比較し、参加した学生は「協力する、チームで働く」「他人といい関係を作る」「知識や情報を双方向に使いこなす」など、「キー・コンピテンシー」の総合スコアが向上したことが報告されている。

二〇二〇年度に向けて文科省が改訂した学習指導要領では、学力ではなく「資質・能力」という言葉が使われ、学習への態度も強調されている。大学入試でも、推薦やＡＯ入試などが推奨され、面接などで「やる気」を問うことが重視されるようになった。従来よりも、学力以外の力が、その子を評価する大きな要素になってきているのだ。

安倍首相が二〇〇六年に掲げた「教育再生」は、「経済再生」との二本柱だった。

安倍首相のブレーンである日本教育再生機構理事長の八木秀次氏は、「安倍さんの『教育再生』には、国を立て直すための戦略や経営の視点がある」と話している。

つまり、日本は、国や経済の活力に資する「人材」を育てる教育に本格的に舵を切ったといえるだろう。「経済再生」を下支えするものが、「教育再生」だといえるかもしれない。

疲弊する教育現場

こうして政府は、経済界の要望にも応え、「グローバル人材の育成」を旗印に、道徳、英語、プログラミングなどの授業を青天井に増やしてきた。授業数を増やすのであれば、教室で児童・生徒を指導する教員も増やさなくてはならないはずだ。ところが実際には、授業数ばかりが増えていった。それによって何が起こるか。教育現場の疲弊だ。

文部科学省が二〇一六年度に行った教員勤務実態調査によると、教員の一日あたりの労働時間は〇六年度と比べて、小学校教諭では平日で四三分、土日で四九分、中学校教諭では平日で三二分、土日で一時間四九分、それぞれ増えていた。教諭の最も多い労働時間帯は、小学校で週五五時間以上六〇時間未満で、全体の二四・四%、中学校では六〇時間以上六五時間未満で、全体の一七%を占めていた。

週六〇時間以上働く教諭は、小学校で三三・五%、中学校で五七・七%にのぼる。週五日働くとして、一日平均一二時間以上、働いている計算だ。労働基準法上は週四〇時間が標準なので、残業が日常的に行われていることを示している。一カ月あたりでは八〇時間超が目安とされる過労死ラインを上回っている。

中学校で土日の労働時間が増加した理由は、主に部活動によるものだが、管理職では学校経営関連の、教諭では総授業時間数の伸びが大きい。近年、教員から「保護者への対応が大変になった」という声が上がっているが、保護者やＰＴＡ対応のための時間は、実際には一〇年前とほとんど変わっていない。

教員の労働時間の増加は、授業のコマ数増加など、教育政策によるところが大きいのだ。しかし、教員が教育政策に抵抗しているかというと、そうした動きは、ほぼないといっていい。ツイッターなどで「働き方改革」を訴える教員は多いが、「管理職に言える雰囲気ではない」「意見を言うと排除される」と消極的だ。

原因の一つは、長時間労働によって、先生たちの考える力そのものが奪われているということもあるだろう。それだけでなく、従順な子どもにさせる教育を既に受けてきた若い先生たちは、反抗することが苦手なのかもしれない。

もう一つの理由は、教職員組合に加入している教員たちが一枚岩にまとまることができずにいる点にあるのではないか。

「本当に組合なのですか」

「ここは消して下さい」

二〇一八年秋、愛知県立高校の三〇代の男性教諭は、教職員組合の執行部役員から、部活動の問題点を指摘する文章について、修正を求められた。組合は毎年、県内の教育の論点をまとめた報告書を作成している。男性は、その編集委員を務めていた。

まず、やり玉に挙がったのは、名古屋大学の内田良准教授が作成した部活動のグラフに挿入されている「教員は教育者である前に労働者である」という文言だった。これが、「組合の方針ではない」と削除を求められた。

男性は驚いた。労働者であることを放棄するなら、何のための組合なのだろう。

「本当に組合なのですか」。やりとりが二週間ほど続いた後、「組合の方針ではないが記述は認める」と、執行部は折れた。だが、今度は「部活動にもいいところがあると書いてほしい」と注文をつけてきた。三〇代、四〇代の組合員は、男性をかばってくれたが、執行部の言い分を覆すことはできなかった。

編集会議の後、ベテランの組合員が男性に近づいてきて、こう耳打ちしたという。

「昔は、闘う組合だったんだけどねえ」

もともと民間企業に勤めていた男性は、理科の教員免許を生かそうと、私立高校の教諭に転職。その後、公立高校の常勤講師になり、二年前に正規採用された。

ところが、正規の教員になると負担が大幅に増加し、授業の準備が十分にできなくなった。部活動のためだ。

一年目は、スポーツ部の副顧問を任された。私立高校では週三日だった部活動が、日曜以外の週六日に増加。主顧問の教諭からは、週末の練習試合にも同行を求められた。「部活を減らしましょう」と提案したが、「今までもやってきたことだから」と聞いてもらえない。「用事がある」と言って、週末は参加しないようにしたところ、あきらめたのか、声がかからなくなった。

それが校長の耳に入ったのだろうか。校長面談では、部活動についての自己評価を求められた。批判的な意見を言うと、翌年、持たされるはずだった担任になれなかった。

「県内では、部活動への加入が生徒にも強制されている。これは、憲法上の人権問題でもあるはずだ。組合は、反対する立場だと思っていたのに」と男性は憤る。

組合の大会で部活動について発言しても、組合報では削除されている。組合の中には、部活動が好きな教員もいる。「組合は、『部活動は生徒と保護者のために行っている。教員は労働者とは違う』というプライドがあるのだろう」と男性は言う。

教員は労働者ではない？

男性が所属している組合は、共産党系の「全日本教職員組合」（全教）の傘下にある。労働者の団結を呼びかけるはずの組合が、「教員は労働者と違う」というのは、一体どういうことなのか。

全教は一九九一年、「日本教職員組合」（日教組）から分かれて結成された。八〇年代に日教組内の主流派（社会党系）と反主流派（共産党系）の対立が決定的になり、分裂したためだ。日教組が一九五二年に決定した「教師の倫理綱領」には、「教師は労働者である」と記されている。この文言は、反共政策の一環として自民党が日教組を攻撃する際の材料の一つになってきた。

一方、共産党は一九七四年に機関紙の「赤旗」で、「教師は聖職者である」という「教師聖職者論」を発表。「教育のためなら自己犠牲もいとわない」という戦時中の価値観とも通底する考え方を示した。二〇一八年一一月に共産党がつくった『教職員の働き方を変えたい』というパンフレットにも「尊い専門職」という言葉があり、前述の男性教諭は「聖職者論は、今も残っている」と指摘する。

一九七八年一二月一二日付の朝日新聞朝刊に、興味深い記事が載っている。

岡山県の高校で、生徒が授業中に教師を空手で暴行した。襲われた教師のコメントには「聖職者ということで我慢した」とある。

七〇年代の日教組の組織率は五割を超えている。生徒に暴行された教師が反主流派の組合員だったかどうか不明だが、「教師は聖職者」という意識が現場の教師にも共有されていたことが分かる。

「教師は特別だ」というこうした意識は、教員の働き方に関する法令にも大きな影響を与えたことは間違いない。

日教組の元委員長による『槙枝元文回想録』には、その攻防が描かれている。

一九六五年九月、日教組は臨時大会の中で、「教員の宿日直廃止、超勤手当支給」を要求する運動方針を掲げた。文科相は勤務の実態調査を約束した。

同年一二月、「教員にも超過勤務手当を支払う義務がある」という静岡地裁の判決が、運動を後押しする。

翌六六年、日教組は大規模な賃金闘争に入り、槙枝氏はストライキを指導したとして、地方公務員法違反の疑いで逮捕された。日教組本部、岩手、東京、佐賀の各県教組の幹部ら三六人が逮捕され、一二万人が免職や停職処分を受けたという。

一九六九年には、最高裁で、公務員の争議も憲法では原則的に保障されているとして、都教組の幹部七人に無罪判決が言い渡され、槙枝氏らも無罪になっている。

旧文部省は、教員に超勤手当を出すのを阻止しようと、「特定の週で八時間を超えて労働することがあっても、四週間で四八時間を超えなければ、残業をさせることができる」という「変形八時間制」を打ち出した。

猛反発する日教組に対して、自民党の文教委員会が持ち出してきたのが、「教師は聖職者であって労働者ではない」という「教師聖職者論」だった。

教員は労働者ではないため、労働基準法の適用除外とし、超勤手当は支給しない。その代わり、当時の勤務実態調査による月の残業時間八時間分（四％相当）を給与に上乗せするという改定案が示された。

だが、日教組の抵抗によっていったん廃案となり、次に持ち出されたのが、「教員は専門職」という考え方だった。

日教組は三〇分ストなどで抵抗したが、一九七一年五月、「国立及び公立の義務教育諸学校等の教育職員の給与等に関する特別措置法」（給特法）が成立。日教組は、旧文部省と交渉し、教職員に超過勤務を命じる場合を、実習、学校行事、職員会議、その他非常災害などやむを得ない場合に限定すると確認した。

現在、教員の働き方改革の中で議論になっている「給特法」は、このようにして成立した。

その経緯から分かるように、給特法は、当時の教員が漫然と受け入れたわけではない。日教組の強い反対運動のなかで、「教師は特別だ」という理屈を持ち出して無理やり成立させたのである。

旗印は「教育の正常化」

「教師は教育専門職だ」という理屈を後押ししたのが、今も残る保守系の教職員組合だった。美しい日本人の心を育てる教職員団体の創造――。

約一万九〇〇〇人が加入する全日本教職員連盟（全日教連）のスローガンだ。「教育の正常化」を旗印に、日本教職員組合を脱退した教員らによって、一九八四年二月に結成された。全日教連のウェブサイトには、「TOSS」の谷和樹・玉川大学教職大学院准教授（当時）と、素手トイレ掃除で有名な「日本を美しくする会」の鍵山秀三郎相談役が応援メッセージを寄せている。日教組に比べれば規模は小さいものの、栃木県のように、教員の組織率が九割を超えている県もある。

その全日教連の元委員長である河野達信氏が二〇一三年、第二次安倍政権の「教育再生実行会議」の有識者メンバーに選ばれた。全日教連の加入者数は現在、日教組のそれと比べると、一二分の一にすぎない。結成当初から全日教連を支え続け、委員長経験もある山本豊氏は、有識者メンバーに河野氏が選ばれたことについて、「苦節六〇年、教育正常化運動を政府が認めた」と評価する。

日教組の加入率が八割を超えていた一九五七年、栃木県の小学校教諭だった山本氏は、日教組のストライキに参加した。「県庁に押しかけて、教育長をつるし上げた。子どものために先生になったのに、なぜ子どもを放置してストに行くのか疑問を感じた」という。六年後、日教組を脱退した。

日教組を抜けた教員らは、「教育の正常化」を目指す団体を次々に結成。日本教職員連盟（日教連）と日本新教職員組合連合（新教組）が合流し、全日教連になった。

これらの団体は結成直後から、「教員の政治的中立」も訴えてきた。その主張は、安倍政権とも呼応する。全日教連委員長だった山本氏は、一九九九年の「国旗・国歌法」の制定にも取り組んだ。当時の森喜朗・自民党幹事長に「法律を作ったらどうだ」と進言したと明かしている。

全日教連は、給特法の成立だけでなく、教員の給与を他の公務員より優遇するという「人材確保法」の制定でも活躍し、同法は一九七四年に施行された。山本氏は、「人確法によって教員の給与は二五％も上がり、当時は画期的だった」と胸を張る。だが、優遇措置は次第に縮減され、一般公務員と教員の年収差は二〇一三年度で、年八万円にとどまっている。

二〇〇六年、安倍政権下で、「我が国と郷土を愛する態度」を盛り込んだ改正教育基本法が成立したことを、全日教連は「心から歓迎する」との見解を示した。

安倍政権の「教育再生」は、全日教連の狙い通りなのだろうか。

郡司隆文前委員長は「二つ考え方があると思う」と語った。

「一つは教育内容に関わること。国旗や国歌、伝統文化などが学習指導要領に明記されたことは良かった。もう一つは教育環境に関すること。これはまだ不十分だ」

全日教連は、確かに道徳教育の充実を求めてきたが、教科にすることまでは望んでいなかった。授業時間を増やすことになる英語の教科化も、対応が難しいという。

全日教連は今、給特法の調整額の改善や、人確法による給与引き上げ、教員増などを文科省に求めている。

郡司氏に、日教組と共闘できないのか尋ねてみたが、「それはできない。考え方が違う」と一蹴された。

日教組も、もはやストライキなどで闘うことはなくなり、働き方改革に関しても、ホームページで声明を発表するだけだ。

働き方改革をめぐっては、教育学者や教員有志によるインターネット署名や記者会見が行われたりしているが、肝心の労働組合は動かず、世論も冷めたままだ。

「教師は聖職者」という戦前からの教師像を継承しつつ、超勤手当の議論などを通じて形成された「教師は特別だ」という意識。この意識が、いまなお教師を縛りつけているのではないだろうか。

柴山昌彦文科相も、二〇一九年の年頭所感で、学校の働き方改革に関連して、「教職の専門職としての教師にふさわしい勤務環境」と述べている。いま文科省が「教員の働き方改革」として打ち出しているのは、一九六〇年代に却下された「変形労働時間制」だ。

定められた勤務時間を超えてでも、生徒に奉仕しようという自己犠牲の一方で、人権を無視した部活動の強制、意味のない校則での縛り、掃除や行事、あいさつ運動などでの規範意識の植え付け、「親教育」に象徴される家庭への上から目線……。

もし、先生たちの長時間労働が改善されて、時間にゆとりができたとしたら、今の教育現場で進められている「全人教育」に変化はあるのだろうか。

もしかすると、先生たち自身も疑問をもたずに、掃除や行事などの特別活動がさらに増えていくだけではないのか。

いま、仕事に追われる先生たちの不満は、保護者へと向けられている。

私は、ツイッターで多くの公立学校の先生たちをフォローしているが、意見を言う保護者を何のためらいもなく「モンスター・ペアレント」と呼んだり、「保護者様」と揶揄したりする人も一部で目につく。

このように、仕事に忙殺される教員が保護者に不満を抱くことと、「家庭の教育力の低下」を問題視する保守派の政治家の主張とは、どこか共鳴しているようにさえ見える。

家庭の教育力は低下していない

そもそも子どもたちは、昔に比べて「悪く」なっているのだろうか。

この問いの答えは、第一章でも述べた通り、「ＮＯ」だ。「規則を守る」などの規範意識は、十分に高くなっている。少年犯罪は減少傾向が続いていて、少年による殺人の検挙件数は二〇一七年で四五人と、戦後最低を記録している。

よくいわれる「核家族化」の進行も、近年始まったことではない。

国勢調査を見ても、核家族の割合は、大正時代から五割を超えていた。さらに、実践女子大学の広井多鶴子教授によれば、一九六〇年代までの子育ては放任主義で、祖父母が関わると「甘やかされる」として避けられていたという。保守派が勧める「三世代同居」は、必ずしも子育てにいいとされていたわけではない。

また、「三歳までは母の手で育てなければ、子どもに悪影響をおよぼす」という「三歳児神話」に代表される母親によるつきっきりの育児は、一九六〇年代から七〇年代の高度成長期に流行し、九〇年代にはほぼ終息している。つまり、一時的なものだったのだ。九〇年代後半には、勤め人世帯でも働く母親の割合が専業主婦を上回っている。

「しつけ」についていえば、昔は体罰がまかり通っていた。大阪人間科学大学の原田正文教授らが一九八〇年生まれの子どもの母親を調査した「大阪レポート」によると、ゼロ歳時点でも三割、三歳時点で七割の母親が「打つ、つねる、しばる」といった体罰を行っていた。二〇〇三年に原田教授らがまとめた調査報告書「兵庫レポート」では、三歳時点では、体罰を使う割合に変化はないものの、ゼロ歳時点では半減し、一歳半時点でもやや減少している。

一九九〇年代前半まで、「児童虐待」という言葉は、ほとんど使われていなかった。近年、児童虐待の増加が報じられているが、実際に虐待件数が増加しているかどうか明らかではなく、あくまで表面化した件数だ。児童虐待が社会問題化し、通報する医療機関などが増えたこと、不安に思う親たちが自ら相談するようになったこと、「夫婦間の暴力を見た」という「面前ＤＶ」などの心理的暴力が含まれるようになったことが、増加の原因とされている。

確かに、育児に困難を抱えるひとり親家庭の割合は増加した。経済格差が問題になり、「子どもの貧困対策」が喫緊の課題だと指摘されてもいる。

だが、それらの原因は「家庭の教育力の低下」にあるのだろうか。個人の努力で解決できることには限界があり、安心して子どもを預けられる保育園や働く人の待遇改善など、社会環境の整備こそが求められているのではないだろうか。親に教育を行い、親を「しつけ」たからといって、長時間労働のなか子育てをする余裕のない親たちにできることは少ない。逆に、家庭教育を強調すればするほど、追い詰めることにしかならないかもしれない。

声を上げはじめた親たち

子どもに正しい生活習慣を学ばせよう！　地域住民とともに、学校に協力しよう！　こうしたかけ声が強まるなか、自分の頭で考えて、声を上げはじめた親たちがいる。たとえば、「ＰＴＡ」への異議申し立てだ。

ＰＴＡは保護者と教員で構成される任意団体で、日本の民主化を目的に、ＧＨＱが旧文部省に対して結成するよう指導した。一九四七年、同省はＰＴＡを組織化するための手引きをつくって、各学校に設置するように奨励した。文科省の『学制百年史』によると、五〇年ごろには、ほぼ全ての学校で組織化されたという。

当初は、学校給食の制度化など教育環境の整備に取り組んでいたが、現在では、こうした活動は少なくなっている。本来、ＰＴＡと学校は対等のはずだが、学校の下部組織のようにとらえられ、入会申込書もなく、加入が強制されている学校が多い。自治体のイベントに動員されるなど、地域の下請け的な役割も担わされている。

これに対して、二〇一二年ごろから、ＰＴＡの活動に疑問を抱いた保護者たちが声を上げはじめ、規約に入退会の規定をつくったり、自らの意思で退会したりするなどの活動を行ってきた。

二〇一九年二月、名古屋駅近くの会議室に、ＰＴＡのあり方に疑問をもつ父母一四人が集まった。ツイッターでつながった東京、長野、岐阜、広島など全国の保護者たちが、意見交換をするオフ会だ。

東京都足立区の中学校でＰＴＡ副会長を務める四〇代の父親が、ツイッターのアカウントを作ったのは二年前。初めてＰＴＡの役員になり、情報を収集したいと思ったのがきっかけだったという。ツイッターの検索画面に「ＰＴＡ」と入れると、「すごい世界が広がっていた」。

本来は任意加入のはずなのに、いつの間にか加入させられて、退会も自由にできないこと。委員を強制されて、いやな思いをしている人がたくさんいること……。

父親はまず、個人情報保護に配慮した入会申込書を整備し、校外委員や広報委員などの委員制を廃止、行事ごとにボランティアを募る方法に改めた。ただ、「まだ最初の一歩に過ぎない」と試行錯誤を続けている。

岐阜県の母親は、仕事や家族の事情に関係なく、毎年のように強制される役員制に困って小学校のＰＴＡを退会したところ、集団登校の班から子どもを外された。文部科学省の通知では、集団登校は学校責任のはずだが、地域に丸投げしているところも多い。

文科省の指導が入って解決するまでの二年間、母親は二人の子どもたちを車で学校に送迎した。その間、子どもたちは萎縮してしまい、負担をかけることになってしまった。ＰＴＡを退会した母親の子どもを、集団登校から排除してしまったＰＴＡ。そもそもＰＴＡとは「子どものため」のものではなかったのか。

こうして、地域が学校を縛るようになると、問題が起きたときに校長ですらコントロールできない事態になる。「地域に開かれた学校」の一つの現実だ。

「ずるい」と陰口をたたかれたり、「ＰＴＡが配るまんじゅうをあげない」と嫌がらせをされたりしても、地域や集団の同調圧力に屈しなかった保護者たちに、「なぜ、声を上げたのか」を尋ねてみた。

「他に誰も言わないから」「おかしいから」。極めてまっとうな回答がかえってきた。

前章までで述べたとおり、この間、文科省は、コミュニティ・スクールの導入などで、ＰＴＡを以前にも増して学校運営に組み込もうとしている。

そのなかで、ただ従うのではなく、従来のあり方を批判して、自主的に動こうとする人たちが声を上げはじめている。いじめや体罰、不合理な校則などについても、インターネット上で意見交換をして、学校に直接訴える人たちも出てきた。

そんな人たちが、今後、教育政策がより悪い方向に進もうとしたとき、歯止めになってくれる可能性はないだろうか。

公立学校に代わる公設民営学校（チャータースクール）の導入などによって序列化が起こり、学習のマニュアルを定めたスタンダードや、一律の厳しいルールによる生徒指導「ゼロ・トレランス」の導入などで教員の専門性が失われるという、まるで日本の近未来を描いたような鈴木大裕氏の著書『崩壊するアメリカの公教育』で、シカゴ市民の闘いが紹介されている。二〇一二年九月、シカゴの小中高すべての公立学校の教職員が、公立学校の閉鎖や予算カットに反対してストライキを実行した。初日には、ストを支持する学生や保護者、多くの市民が学校に集まって、一緒にデモをしたという。

子どもは、誰のものでもない。何かになるために生まれてきたわけでもない。もしそうなら、OECDが用意した指標の「スキル」が低い子どもたちや、とりわけ障害を抱えた子どもたちにとって、つらい人生になってしまう。二〇〇七年、東京都足立区が独自に実施した学力テストで、成績が一位だった区立小学校が障害のある三人の児童の答案を集計から除いていたことがわかった。区は学校選択制を採り入れていて、保護者に選ばれるためのプレッシャーも背景にあったという。

教育とは、一律にそろった規格品を作るのではなく、一人ひとりの子どもの違いを大事にする個別の応答ではないのだろうか。

子どもの人格の評価や形成そのものを、まるごと誰かに握られてしまう。

そんな教育、私はいやだ。

先生でも親でも、学校関係者でなくてもいい。気づいた人と一緒に声を上げて行動することを、ためらわずにいたいと思う。

あとがき

公教育の役割ってなんだろう。

いま、都市部では「公教育からの逃走」が加速しているように見える。

東京圏では、二〇〇八年のリーマン・ショック後、いったん減った私立中学受験者の数が再び増えているという。この増加は、二〇二〇年の大学入試改革を受けて保護者の考え方が変化したことが背景にあるとの指摘があるが、本当にそうだろうか。公立学校の迷走が、親たちを不安にさせているのではないか。

多くの公立学校が、手厚い学習指導を塾任せにしなければ、どうにもならない状況にあるようだ。勉強がわからない子どもに補習をするための人員が不足しているし、教師たちは授業の準備をする時間も十分に取れない。そんななか、保護者に進学先として選んでもらえるように、勉強より部活動に力を入れたり、掃除で校舎をピカピカにしたり、茶髪の子が一人も出ないように管理したり、保護者が感動するような行事を増やしたり、礼儀正しい子の育成に励んだりしている。

一見、どれほど奇妙に見える活動でも、中に入って取材をしてみると、大義名分があった。それは、先生方が「子どもたちのために」と思って始めたことに違いない。全否定することは難しい。だが、長い目で見たとき、本当にその子たちのためになっているのか、立ち止まって考えることも重要ではないだろうか。

近い将来、多くの仕事がＡＩに奪われると言われ、自分の子ども時代とは比較にならないほど急変していく社会の中で、子どもたちが自分らしく幸せに生きていくにはどんな教育が必要なのか——。保護者は迷っている。そんななか、特定の価値観の押しつけが懸念される道徳の授業、合理性が感じられない数々の校則、生活態度に左右される中学校の内申書といった、客観的な評価が難しい人格にまで踏み込むような教育は受けさせたくないと考える保護者が増えてきても何ら不思議ではない。

もちろん、より全人的な教育に舵を切ることを決めたのは、現場の先生たちではなく、文部科学省だ。文科省は、結果的に、私立学校に人気が集まることを否定していない。本書で述べてきたように、政治家の中には、それが好都合だと思っている人もいる。

「保護者が学校を選ぶのは当たり前だ」という声も聞く。それぞれの家庭が、育ってほしい子どもの姿をイメージして、それに合致した学校を主体的に選ぶことは、もちろん悪いことではない。だが、すべての家庭が、私費負担の大きい学校を選ぶことはできない。遠隔地に住んでいる場合、特色ある都会の学校に通わせることはできない。どこに住んでいても、どんな家庭に育っても、「地域の公立学校に通っていれば安心だ」という制度的な保障は不可欠だろう。

しかし現実には、近くの公立学校に通わせると、不合理な校則に従わされ、地域の同調圧力にがんじがらめになり、批判精神を抑えつけられてしまう。そうしたことが、起きている。一方で、お金のある家の子どもたちは、海外をはじめとした「自由な学校」でグローバルな教育を受け、日本だけで通じる規範に縛られることなく、リーダーシップなども身につけて、やがて高い社会的地位を獲得していくとしたら……。

裕福な家庭は「地域」から抜け出て、似た価値観の人が集まるコミュニティの中で快適に過ごし、余裕のない人たちは地域社会で縛り合い、学校のお手伝い要員として動員される――。

このままでは公教育が崩壊し、社会が分断されてしまう。

そんな社会で、本当にいいのだろうか。

二〇一九年二月、現職の麻生太郎財務相が「少子高齢化は、子どもを産まなかったほうが問題」と発言した。問題視されて撤回したが、五年前にも同様の発言をしていることから、麻生氏の本音とみていいだろう。そこには、政治が解決すべき課題も個人の問題にすり替えて、責任を個人に押しつける新自由主義的な政治家の思考法を見て取ることができる。

子どもを産むのは、親の責任。どんな教育を受けさせるのか、それを選ぶのも親の責任。人生の途中で障害を抱えたり、思うような職に就けず、老後の年金が少なかったとしても、全てその人の責任だとされてしまう。

今の資本主義社会で必要とされる「人材」の枠に合わせて教育をすること、そのすべてが悪いとは言えない。職を得て働かなければ、生活の糧を得ることも難しい。そのためには、社会のニーズと自分の能力をすり合わせる必要がある。だが、「国家」「公共」「社会」ありきで、その枠に適応する人材育成のための教育が支配的になっていくと、こうした枠組みそのものの問題点を指摘できる「人材」は育ってこない。

自分の頭で考えて、ものを言う人たちがいなくなれば、戦前の日本のように、いつの間にか国民全体が同じ方向に流されてしまうかもしれない。

本書が、立ち止まって考えるきっかけになればと願う。

本書の中核となっているのは、二〇一七年一一月から一二月にかけて、朝日新聞夕刊に全一〇回にわたって連載した「『教育再生』をたどって」である。これに朝日新聞やWEBRONZAに執筆した記事や、新たな取材成果を加えてまとめたのが本書だ。いずれも加筆修正を加えている（これらの記事の初出については、巻末に一覧を設けたので、それを参照してほしい）。

個々の記事だけでは見えてこない、今の教育の姿を俯瞰できるような本を目指したつもりだ。しかし、私は教育の専門家ではないし、教育取材の経験が長いわけでもない。教育学の研究者からみれば、欠陥もあると思う。「こじつけではないか」「考えすぎではないか」と思う人もいるかもしれない。あくまで、記者と一人の保護者という視点から、一つの見方を提示していると受け止めてもらえれば幸いだ。

『教育再生』をたどって」を書くにあたって、普段は朝日新聞を批判している方々にも多大なご協力をいただいた。門前払いにせずに取材に応じてくださった方々に、まず御礼を申し上げたい。連載時のデスクとして書籍化を応援してくれた岸善樹さん、藤生明編集委員、私の興味関心で取材することを支えてくれた教育班の同僚記者たちとデスク、さらに、執筆が遅れがちな筆者に対して、「読み応えがあります」などと励まし、伴走してくださった筑摩書房の石島裕之さんに感謝の意を表したい。

二〇一九年二月

杉原 里美

初出一覧

（「朝日新聞」の掲載年月日はすべて東京本社版）

「採択中学へ抗議、波紋　慰安婦記述の教科書　「圧力感じた」灘中校長の文、ネット拡散」（「朝日新聞」二〇一七年八月一九日付朝刊）

「（フォーラム）学校の不思議」（「朝日新聞」二〇一七年八月二一日付朝刊）

連載「「教育再生」をたどって」（「朝日新聞」二〇一七年一一月二〇日付夕刊〜同年一二月四日付夕刊、計一〇回）

「（新！学習指導要領）高校家庭科、「生活設計」重視へ　なぜ結婚、どんな子育て」（「朝日新聞」二〇一八年四月一〇日付朝刊）

「お母さんの無償の愛は300万円！」（「WEBRONZA」二〇一八年五月一〇日、一三日）

「体操服の下に肌着、ダメ？　「汗で冷える」小学校ルール、親懸念」（「朝日新聞」二〇一八年六月一日付夕刊）

「「従う快感」の怖さ知って「ファシズム」学生ら体験「ハイル、タノ！」行進、増す声量」（「朝日新聞」二〇一八年八月一六日付夕刊）

「公立学校に民間教育、手探り　社会に役立つ「志」発表／体育と道徳「融合」」（「朝日新聞」二〇一八年一〇月一三日付朝刊）

「家庭教育支援、あり方は　自治体が全戸訪問・親向け講座」（「朝日新聞」二〇一八年一二月四日付朝刊）

杉原里美 すぎはら・さとみ

一九六九年、長崎県生まれ。九二年に朝日新聞社に入社。熊本支局、福岡本部報道センター社会部、東京本社くらし編集部、社会部・教育班などを経て、二〇一八年四月から、朝日新聞専門記者（家族、教育分野などを担当）。家族をめぐる法律や社会保障、家計などを取材。『徹底検証　日本の右傾化』（筑摩選書）で教育分野を執筆。

筑摩選書 0173

掃除《そうじ》で心《こころ》は磨《みが》けるのか　いま、学校《がっこう》で起《お》きている奇妙《きみょう》なこと

二〇一九年三月一五日　初版第一刷発行

著　者　杉原里美《すぎはらさとみ》

発行者　喜入冬子

発　行　株式会社筑摩書房
東京都台東区蔵前二-五-三　郵便番号 一一一-八七五五
電話番号　〇三-五六八七-二六〇一（代表）

装幀者　神田昇和

印刷 製本　中央精版印刷株式会社

ISBN978-4-480-01680-5 C0337

筑摩選書 0063

戦争学原論

石津朋之

人類の歴史と共にある戦争。この社会的事象を捉えるにはどのようなアプローチを取ればよいのか。タブーを超え、日本における「戦争学」の誕生をもたらす試論の登場。

筑摩選書 0072

愛国・革命・民主

日本史から世界を考える

三谷 博

近代世界に類を見ない大革命、明治維新はどうして可能だったのか。その歴史的経験から、時空を超える普遍的英知を探り、それを補助線に世界の「いま」を理解する。

筑摩選書 0073

世界恐慌(上)

経済を破綻させた4人の中央銀行総裁

L・アハメド

吉田利子 訳

財政再建か、景気刺激か——。1930年代、中央銀行総裁たちの決断が世界経済を奈落に突き落とした。彼らは何をし、いかに間違ったのか? ピュリッツァー賞受賞作。

筑摩選書 0074

世界恐慌(下)

経済を破綻させた4人の中央銀行総裁

L・アハメド

吉田利子 訳

問題はデフレか、バブルか——。株価大暴落に始まった大恐慌はなぜあれほど苛酷になったか。グローバル経済黎明期の悲劇から今日の金融システムの根幹を問い直す。

筑摩選書 0076

民主主義のつくり方

宇野重規

民主主義への不信が募る現代日本。より身近で使い勝手のよいものへと転換するには何が必要なのか。〈プラグマティズム〉型民主主義に可能性を見出す希望の書!

筑摩選書
0046

寅さんとイエス

米田彰男

イエスの風貌とユーモアは寅さんに類似している。聖書学の成果に「男はつらいよ」の精緻な読みこみを重ね合わせ、現代に求められている聖なる無用性の根源に迫る。

筑摩選書
0060

近代という教養
文学が背負った課題

石原千秋

日本の文学にとって近代とは何だったのか？　文学が背負わされた重い課題を捉えなおし、現在にも生きる「教養」の源泉を、時代との格闘の跡にたどる。

筑摩選書
0070

社会心理学講義
〈閉ざされた社会〉と〈開かれた社会〉

小坂井敏晶

社会心理学とはどのような学問なのか。本書では、社会を支える「同一性と変化」の原理を軸にこの学の発想と意義を伝える。人間理解への示唆に満ちた渾身の講義。

筑摩選書
0077

北のはやり歌

赤坂憲雄

昭和の歌謡曲はなぜ「北」を歌ったのか。「リンゴの唄」から「津軽海峡・冬景色」「みだれ髪」まで、時代を映す鏡である流行歌に、戦後日本の精神の変遷を探る。

筑摩選書
0078

紅白歌合戦と日本人

太田省一

誰もが認める国民的番組、紅白歌合戦。今なお40％台の視聴率を誇るこの番組の変遷を、興味深い逸話を交えつつ論じ、日本人とは何かを浮き彫りにする渾身作！

筑摩選書 0087

自由か、さもなくば幸福か？

二一世紀の〈あり得べき社会〉を問う

大屋雄裕

二〇世紀の苦闘と幻滅を経て、私たちの社会はどこへ向かおうとしているのか？　一九世紀以降の「統制のモード」の変容を追い、可能な未来像を描出した衝撃作！

筑摩選書 0098

日本の思想とは何か

現存の倫理学

佐藤正英

日本に伝承されてきた言葉に根差した理知により、今・ここに現存している己れのよりよい究極の生のための地平を拓く。該博な知に裏打ちされた、著者渾身の論考。

筑摩選書 0099

明治の「性典」を作った男

謎の医学者・千葉繁を追う

赤川学

『解体新書』の生殖器版とも言い得る『造化機論』四部作。明治期の一大ベストセラーとなったこの訳書を手掛けた謎の医学者・千葉繁の生涯とその時代を描く。

筑摩選書 0100

吉本隆明の経済学

中沢新一

吉本隆明の思考には、独自の経済学の体系が存在する。これまでまとめられなかったその全体像を描くことによって、吉本思想の核心と資本主義の本質に迫る。

筑摩選書 0101

自伝を読む

齋藤孝

「自伝を読む」ことは「すごい人」と直に触れ合うことである。福澤諭吉から、ドラッカー、高峰秀子まで、「自伝マニア」の著者がそのエッセンスをつかみだす。